हिंदु'स्थान में हिंदू का अस्तित्व

डॉ. राकेश कुमार आर्य

डायमंड बुक्स
www.diamondbook.in

प्रकाशक : डायमंड पॉकेट बुक्स (प्रा.) लि.
X-30 ओखला इंडस्ट्रियल एरिया, फेस -II
नई दिल्ली- 110020
फोन : 011-40712200
ई-मेल : sales@dpb.in
वेबसाइट : www.diamondbook.in
संस्करण : 2022
मुद्रक : आदर्श प्रिंटर्स, शाहदरा, दिल्ली

Hindusthan mein Hindu ka Astitwa
by Dr. Rakesh Kumar Arya

लेखकीय निवेदन

हिंदुस्तान वास्तव में 'हिन्दू'स्थान है। भारतवर्ष को यह नाम मुस्लिमों के द्वारा दिया गया माना जाता है। इसी हिंदुस्तान को काटकर मुस्लिमों ने ईरान, इराक, अफगानिस्तान, पाकिस्तान, बांग्लादेश सहित लगभग आधा दर्जन देश हमसे छीन लिए हैं। 'हिंदू'स्थान फिर भी 'हिंदू'स्थान ही है।

जो लोग भारत को काट-काटकर नए देश बनाने की योजना पर सदियों से काम कर रहे हैं उनके लिए 'हिंदू'स्थान इसलिए 'हिंदू'स्थान है कि इसे देखकर वे यह देखते, समझते, सोचते और विचारते रहें कि अभी इसे और काटना है। फिर एक नया देश बनाना है। जब-जब भी भारत कटा या बंटा तब-तब ही हिंदू यह सोच कर आराम की नींद सो गया कि संभवत: देश का यह विभाजन अंतिम है। इसके पश्चात अब कोई विभाजन नहीं होगा। उन्हें यह भ्रांति रही कि संभवतः देश के विभाजन की मांग करने वाले अब समझदार हो जाएंगे। पर जिनके मुंह विभाजन का लहू लग चुका है वे ना समझदार होने थे, ना हुए और ना होंगे। यही कारण रहा कि भारत विभाजन समर्थक शक्तियां भारत का विभाजन करने के पश्चात भी सोई नहीं, अपितु बार-बार के भारत विभाजन के अपने लक्ष्य के प्रति जागरूक रहकर अपने मंतव्य और गंतव्य के प्रति समर्पित रहीं। एक अलग देश लेकर इस देश में रक्तबीज के रूप में अपना अस्तित्व बनाए रखा। समय आने पर रक्तबीज जैसे ही चारों ओर फैलकर विस्तार को प्राप्त हुआ हुआ तो फिर एक नया देश लेने की तैयारी होने लगी।

भारत विभाजन की प्रक्रिया में लगी हुई शक्तियों ने हिंदू को भ्रमित करने के लिए उसे और भी अधिक गहरा सुलाने का पूरा प्रबंध कर दिया। जब-जब देश का विभाजन हुआ है, तब-तब ही ऐसे गांधी और नेहरू उस कालखंड में जन्मे हैं जिन्होंने शेष हिंदू जाति को यह कहकर सुलाने में सहायता की कि अब यह भारत का अंतिम विभाजन है। इसके बाद हम दोनों अर्थात हिंदू मुस्लिम सांझा संस्कृति का निर्माण करते हुए आगे बढ़ेंगे। यद्यपि ऐसा हुआ नहीं। गांधी नेहरू बार-बार पराजित होते रहे और हम उन्हें शीशे में उतार कर उनकी आरती उतारते रहे। हमने किसी भी काल खंड के 'वीर सावरकर' को अपना आदर्श नहीं

बनने दिया जो हर समय हमें सचेत कर रहा था कि सावधान रहना ! नहीं तो तुम्हारा कलेजा निकाल दिया जाएगा।

हिंदू ने अपनी परंपरागत सोच और नीति के आधार पर 1947 के भारत विभाजन को भी अंतिम मान लिया। जिससे उसके भीतर आलस्य, प्रमाद और भी अधिक गहरा गया। जबकि भारत विभाजन समर्थक शक्तियां भारत के फिर एक विभाजन की तैयारियों में आजादी के अगले दिन से ही जुट गईं। जो लोग अपना मनपसंद देश पाकिस्तान लेने में सफल हो गए वे या तो पाकिस्तान में ही रुक गए या फिर भारत से पाकिस्तान चले गए। पर जिन्हें अपना मनचाहा देश अर्थात आज का उत्तर प्रदेश, बिहार, पश्चिम बंगाल, नई दिल्ली, हरियाणा को लेकर बनने वाला पाकिस्तान नहीं मिला, वे मन मसोसकर यहां रह गए। गांधी-नेहरू ने रक्तबीज के रूप में रहे इन लोगों के बारे में हमें समझाया कि इनसे मिल कर चलो। क्योंकि अब हमें 'गंगा-जमुनी संस्कृति' के आधार पर एक नया भारत बनाना है। भारत में रहे इन लोगों ने कुछ समय पश्चात ही अपना रंग दिखाना आरंभ कर दिया। वे 'फिर एक नया पाकिस्तान बने' - इस संघर्ष और प्रयास में जुट गए।

अपने इस उद्देश्य की प्राप्ति के लिए हिंदूविहीन भारत करना उनका लक्ष्य हो गया। जिसके लिए उन्होंने जनसंख्या वृद्धि को एक हथियार के रूप में प्रयोग किया। जो राजनीतिक दल उनका राजनीतिक तुष्टीकरण कर रहे थे, उनका उन्होंने भरपूर समर्थन किया और अपनी मांगे बढ़ाते चले गए। हिंदूविहीन भारत करने के लिए हिंदू मान्यताओं, परंपराओं, संस्कृति, धर्म और इतिहास - सबको विकृत करने का बड़े पैमाने पर अभियान चलाया गया। चारों ओर कुछ इस प्रकार का परिवेश सृजित किया गया कि जैसे इस भारतवर्ष नामक देश के पास अपना कुछ भी नहीं है, और जो कुछ भी इसके पास गौरवपूर्ण है, वह सब कुछ मुगलों की देन है। कुछ लोग इस प्रकार की पैरोकारी करते रहे कि मुसलमान आर्थिक रूप से बहुत पिछड़ा हुआ है, तो कुछ उसे शैक्षणिक रूप से पिछड़ा हुआ मानकर उसे विशेष अधिकार देने की वकालत करते रहे।

एक पार्टी के प्रधानमंत्री ने तो यहां तक कह दिया कि भारत के आर्थिक संसाधनों पर पहला हक मुसलमानों का है। इस सबसे अलग मुसलमानों की आम सोच यह बनी रही कि यह सारा भारत ही हमारा है। इसे हिंदूविहीन करके फिर मुगलिया शासन स्थापित करना हमारा परम उद्देश्य है। सोच का थोड़ा सा अंतर था, पर मुसलमानों की सोच का गहरा अर्थ था। जिसे समझकर भी समझने का प्रयास नहीं किया गया। उन्होंने कश्मीर और मेवात जैसे अनेकों स्थानों को चुना और वहां से हिंदू को पलायन करने के लिए बाध्य कर दिया। केवल इसी सोच के कारण ऐसा हुआ कि यह सारा भारत हमारा है और हिंदू के लिए 'हिंदू'स्थान में भी कोई स्थान नहीं है।

नवभारत टाइम्स में छपे एक लेख के अनुसार "1991 की जनगणना में मुसलमानों की आबादी 106,700,000 थी। वहीं हिन्दुओं की आबादी 690,100,000 थी। 10 साल बाद मुसलमानों की आबादी बढ़कर 138,200,000 और हिन्दुओं की जनसंख्या बढ़कर 82 करोड़ 76 लाख हो गई। मतलब इन 10 सालों में मुसलमानों की आबादी में 29.5 फीसदी और हिन्दुओं की आबादी में 19.9 पर्सेंट की वृद्धि हुई। इस एक दशक में सालाना मुसलमानों की वृद्धि दर 2.62 प्रतिशत रही और हिन्दुओं की 1.83 प्रतिशत।"

कुछ लोगों की दृष्टि में मुस्लिमों की बढ़ती आबादी को लेकर हमारे जैसे जिन लोगों के द्वारा चिंता व्यक्त की जाती है, वह पूर्णतया अप्रासंगिक और अनर्गल है। उनका तर्क होता है कि मुसलमानों के प्रति ऐसी पूर्वाग्रह ग्रस्त सोच रखना ही हिंदू आतंकवाद है। जो अनावश्यक एक वर्ग को निशाने पर लेता है।

ऐसे लोगों से हमारा कहना है कि वह जिन लोगों की वकालत कर रहे होते हैं, उनके इतिहास को देखें। उन्होंने भारत के लगभग आधा दर्जन विभाजन किए और बार-बार एक अलग देश लेने में सफल हो गए। इतना ही नहीं, देश से बाहर संसार के भी अनेकों देशों की सभ्यताओं और संस्कृतियों को मिटाकर वहां पर अपना इस्लामिक परचम लहराने में भी सफल हो गए। यदि बात भारत की, की जाए तो यहां पर भी कश्मीर को लेने की उनकी तैयारी लगभग अंतिम चरण में जा चुकी थी, जो धारा 370 और 35a को समाप्त करके अब केंद्र की मोदी सरकार ने बाधित कर दी है।

जहां तक मुसलमानों के साथ भाईचारे, सद्भाव और अच्छे संबंध बनाए रखकर चलने की बात है तो इसके लिए कोई भी सुसंस्कृत व सुसभ्य व्यक्ति इनकार नहीं करेगा। हम भी इसी बात के समर्थक हैं कि भारतवर्ष में मुसलमान और हिंदू दोनों मिलकर रहें। पर इसके लिए अनिवार्य शर्त यही है कि इस्लाम को अपने भ्रातृत्व को विस्तार देना होगा। वह अपनी इस परंपरागत नीति से पीछे हटे की हिंदू को 'भाई' कहकर वह उसे अपने 'चारे' के रूप में प्रयोग करे और अपने भाईचारे को अपने मुस्लिम भाइयों तक सीमित रखे। विशालहृदयता ही सामाजिक परिवेश को सुंदर, सुव्यवस्थित और मैत्रीपूर्ण बनाती है। जबकि हृदय की संकीर्णता इसे हर क्षेत्र में, हर स्थान पर और हर मोड़ पर बाधित और कुंठित करती है। इस्लाम की सोच संकीर्णता को प्रकट करने वाली है। जिससे भारतवर्ष में सामाजिक व्यवस्था को सुंदर, सुव्यवस्थित और मैत्रीपूर्ण बनाने में हर मोड़ पर और हर स्थान पर समस्याएं आई हैं।

इन सब समस्याओं के बीच हिंदू अपने 'हिन्दू'स्थान में रहकर भी अनेकों स्थानों, क्षेत्रों, अंचलों में स्वयं को असुरक्षित अनुभव कर रहा है। उसे अल्पसंख्यक नाम का कीड़ा खा रहा है। जहां तक देश की सरकारों की बात है तो ये अल्पसंख्यक की परिभाषा को

आज तक सही स्वरूप नहीं दे पाई हैं। हमारा मानना है कि जिन क्षेत्रों में, अंचलों में, स्थानों में या प्रांतों में हिंदू को कम कर दिया गया है, वहां पर उसे अल्पसंख्यक के वे सारे अधिकार प्राप्त होने चाहिए जो अन्य क्षेत्रों में, स्थानों, प्रांतों में मुस्लिमों या दूसरे अल्पसंख्यकों को प्राप्त हैं।

हमारे संविधान की मूल भावना है कि देश के प्रत्येक नागरिक को समान मौलिक अधिकार प्राप्त हैं और शोषण, दमन, दलन, अत्याचार की वे सारी संभावनाएं प्रत्येक व्यक्ति के लिए समाप्त होनी चाहिए जो इस देश का नागरिक है और इस देश के सामाजिक परिवेश को सुंदर बनाए रखने में अपनी भूमिका का निर्वाह करना चाहता है। इसके लिए संविधान की यह भी स्वतंत्र सहमति है कि जो लोग इस सामाजिक परिवेश को गंदला करना चाहते हैं या अपनी गतिविधियों से गन्दला करने की योजनाओं में लगे हुए हैं, उनके प्रति सरकार का कठोर दृष्टिकोण होना चाहिए। व्यवहार में इसके विपरीत हो रहा है। जो लोग भारतवर्ष की आम सहमति में विश्वास रखते हैं और इसकी मुख्यधारा को सुव्यवस्थित बनाए रखने में ही अपना भला समझते हैं, उनके प्रति सरकारों का दृष्टिकोण एक वर्ग के तुष्टीकरण के आधार पर कठोर होता है। जबकि जो लोग इस देश की आम सहमति को आम सहमति का नाम नहीं देना चाहते और इसकी मुख्यधारा को गन्दला करने के प्रयासों में लगे रहते हैं, उनके प्रति सरकार का उदार दृष्टिकोण देखा जाता है।

इससे हिंदू अपने आपको अपने ही देश में असुरक्षित अनुभव कर रहा है। वह यह नहीं समझ पाया है कि भारतवर्ष की मुख्यधारा या आम सहमति में विश्वास रखना श्रेयस्कर है या फिर अल्पसंख्यक बनकर अर्थात धर्मान्तरित होकर देश के विनाश की योजनाओं में लग जाना उचित है?

योगी आदित्यनाथ की जनसंख्या नीति

भारत में 'हिंदू अस्तित्व' को बचाए रखने के लिए दीर्घकाल से एक कठोर जनसंख्या नियंत्रण कानून की आवश्यकता अनुभव की जाती रही है। इस दिशा में उत्तर प्रदेश की योगी सरकार ने महत्त्वपूर्ण कदम उठाया है। योगी आदित्यनाथ सरकार ने देश के सर्वाधिक जनसंख्या वाले प्रदेश का 'उत्तर प्रदेश जनसंख्या विधेयक - 2021'- का प्रारूप तैयार कर लिया है।

सरकारी नीतियों में पारदर्शिता और जन सहभागिता को सुनिश्चित करने के लिए प्रदेश की योगी सरकार ने इस प्रारूप पर लोगों की राय भी मांगी गई। इस प्रारूप में उत्तर प्रदेश में जनसंख्या नियंत्रण के लिए कानूनी उपायों के उपाय सुझाए गए हैं। प्रदेश के ऐसे नागरिक जो दो या उससे कम बच्चे पैदा करते हैं उन्हें सरकारी सुविधाएं उपलब्ध कराई जाएंगी,

जबकि इससे अधिक बच्चे पैदा करने वाले नागरिकों या माता-पिता या अभिभावकों को मिलने वाली सरकारी सुविधाओं से उन्हें वंचित कर दिया जाएगा। ऐसे अभिभावकों को सरकारी सुविधाओं का लाभ जिनके राशन कॉर्ड में चार से अधिक सदस्य होंगे। उन्हें स्थानीय निकाय, पंचायत चुनाव लड़ने की भी अनुमति नहीं होगी। इसके अतिरिक्त सरकारी नौकरियों में उन्हें कोई अवसर भी नहीं दिया जायेगा।

राज्य विधि आयोग ने उत्तर प्रदेश जनसंख्या (नियंत्रण, स्थिरीकरण व कल्याण) विधेयक-2021 का यह प्रारूप तैयार किया है। विधि आयोग ने इसका प्रारूप विधिवत सरकारी वेबसाइट पर अपलोड किया है और 19 जुलाई तक जनता से इस पर राय भी मांगी गई।

वास्तव में जनसंख्या नियंत्रण के संबंध में इससे भी अधिक कठोर कानून के लाए जाने की आवश्यकता है। देश इस समय जनसंख्या विस्फोट की स्थिति में पहुंच चुका है। देश के संजीदा और गंभीर लोगों को इस बात पर विचार करना चाहिए कि 1947 में जब देश आजाद हुआ था तो उस समय भारतवर्ष की जनसंख्या लगभग 35 करोड़ थी, जो आज लगभग 4 गुणी हो चुकी है। इतनी तेजी से बढ़ी जनसंख्या की समस्याओं का समाधान देश की कोई भी चुनी हुई सरकार नहीं कर सकती। विशेष रूप से तब जब देश का प्रत्येक व्यक्ति कर देने से तो बचना चाहता हो पर सुविधाएं पूरी लेना चाहता हो। जनसंख्या की बढ़ती हुई समस्या तब और भी अधिक विकराल हो जाती है जब देश का एक तथाकथित अल्पसंख्यक वर्ग जनसंख्या को बढ़ाकर ही देश पर फिर से अपनी हुकूमत कायम करने के सपने देख रहा हो। उसे इस बात से कोई लेना देना नहीं है कि वह ऐसा करके देश में गरीबी को बढ़ा रहा है। वह तो बस यह देख रहा है कि यदि जनसंख्या संतुलन बिगड़ गया तो वह एक दिन इस देश की हुकूमत पर आसीन होगा और तब इस देश का बहुसंख्यक उसके कदमों तले होगा। ऐसी सोच 'हिंदू विनाश' का प्रमुख कारण है। हमारा मानना है कि इसे केवल 'हिंदू विनाश' की सोच ही नहीं मानना चाहिए , बल्कि राष्ट्र व संसार के विनाश की सोच भी मानना चाहिए। क्योंकि यह सर्वमान्य सत्य है कि यदि हिंदू इस धरती पर नहीं रहा तो संसार में 'भस्मासुर' आग लगा देंगे।

प्रदेश की योगी सरकार ने अपने द्वारा लाए गए इस कानून में यह प्रावधान किया है कि जिस अभिभावक को दो से अधिक बच्चे होंगे, उसे सरकारी नौकरियों में आवेदन करने या प्रोन्नति पाने का अधिकार नहीं होगा। हमारा मानना है कि जिस आवेदक ने नौकरी के लिए आवेदन किया है उससे उसी समय यह शपथ पत्र लिया जाए कि वह दो से अधिक बच्चे ना तो पैदा करेगा और ना ही एक से अधिक विवाह उन परिस्थितियों के अतिरिक्त नहीं करेगा जब उसका जीवन साथी या तो मृत्यु को प्राप्त हो गया हो या किसी ऐसी असाध्य

बीमारी से ग्रस्त हो जिससे बच्चे पैदा नहीं हो सकते हों या किन्ही कारणों से वह अपने जीवनसाथी से संतान प्राप्त ना करने की स्थिति में आ गया हो। इसके साथ ही साथ अवैध रूप से रखैल रखने या एक से अधिक दो, तीन व चार शादियां करने की अनैतिक परंपरा को भी देश से विदा किया जाना अपेक्षित है। क्या इसके लिए भी योगी सरकार किसी कानून में कोई प्रावधान करेगी ?

जीवनसाथी से तलाक लेने के संबंध में यद्यपि केंद्र की मोदी सरकार एक कानून लाने में सफल रही है, परंतु वह कानून भी तब तक पूर्ण नहीं कहा जा सकता जब तक कि भारत की वैदिक परंपरा के अनुसार जीवनसाथी को त्यागना पूर्णतया निषिद्ध नहीं किया जाए।

जनसंख्या नियंत्रण के संबंध में हमें यह ध्यान रखना चाहिए कि हम केवल बच्चों के पैदा करने की किसी फैक्ट्री को बंद करने नहीं जा रहे हैं बल्कि समाज में एक नैतिक व्यवस्था भी लागू करने जा रहे हैं। इसके लिए व्यभिचार को भी समाप्त करने के लिए लोगों को प्रेरित किया जाना समय की आवश्यकता है। सरकारें कानून बनाकर अपना पल्ला झाड़ लेती हैं। जबकि समाज में पहले से चली आ रही अनैतिक व्यवस्था या तो यथावत या किसी न किसी बदले रूप में पैर पसारे रहती है। कानून बनाकर लोगों को राहत देने की परंपरा से अलग हटकर योगी सरकार को समाज में नैतिक व्यवस्था स्थापित करने की दिशा में भी बहुत कुछ करना होगा।

दो से अधिक बच्चे पैदा करने वालों को 77 सरकारी योजनाओं व अनुदान से भी वंचित रखने का प्रावधान इस कानून में किया गया है। इस कानून के लागू होने पर एक वर्ष के भीतर सभी सरकारी अधिकारियों कर्मचारियों स्थानीय निकाय में चुने जनप्रतिनिधियों को शपथ पत्र देना होगा कि वह इसका उल्लंघन नहीं करेंगे। कानून लागू होते समय उनके दो ही बच्चे हैं और शपथ पत्र देने के बाद अगर वह तीसरी संतान पैदा करते हैं तो प्रतिनिधि का निर्वाचन रद करने व चुनाव ना लड़ने देने का प्रस्ताव होगा। इतना ही नहीं सरकारी कर्मचारियों की प्रोन्नति तथा बर्खास्त करने तक की संस्तुति भी की गई है।

यह अच्छी बात है कि नई जनसंख्या नीति में यह व्यवस्था भी की गई है कि यदि परिवार के अभिभावक सरकारी नौकरी में हैं और नसबंदी करवाते हैं तो उन्हें अतिरिक्त इंक्रीमेंट, प्रमोशन, सरकारी आवासीय योजनाओं में छूट, पीएफ में एम्प्लॉयर कंट्रीब्यूशन बढ़ाने जैसी कई सुविधाएं देने की सिफारिश की गई है। दो बच्चों वाले दंपत्ति यदि सरकारी नौकरी में नहीं हैं तो उन्हें पानी, बिजली, हाउस टैक्स, होम लोन में छूट व अन्य सुविधाएं देने का प्रस्ताव है।

एक संतान पर खुद से नसबंदी कराने वाले हर अभिभावकों को संतान के 20 वर्ष तक मुफ्त इलाज, शिक्षा, बीमा शिक्षण संस्था व सरकारी नौकरियों में प्राथमिकता देने की

सिफारिश है। इसके अंतर्गत सरकारी नौकरी वाले दम्पति को चार अतिरिक्त इंक्रीमेंट देने का सुझाव है। यदि दम्पति गरीबी रेखा के नीचे हैं और एक संतान के बाद ही स्वैच्छिक नसबंदी करवाते हैं तो उनके बेटे के लिए उसे 80 हजार और बेटी के लिए एक लाख रुपये एकमुश्त दिए जाने की भी संस्तुति है।

यदि कोई व्यक्ति एक से अधिक विवाह करता है और सभी पत्नियों से कुल मिलाकर उसके दो से अधिक बच्चे हैं तो वह भी सुविधाओं से वंचित होगा। हर पत्नी सुविधाओं का लाभ ले सकेगी। वहीं, यदि महिला एक से अधिक विवाह करती है और अलग-अलग पतियों से मिलाकर दो से अधिक बच्चे होने पर उसे भी सुविधाएं नहीं मिलेंगी।

जो लोग कबाड़ी का काम करते हैं या फल व सब्जी आदि बेचकर अपना जीवन निर्वाह करते हैं वे 'दीन की खिदमत' के लिए बच्चे पैदा करना अपना 'दीनी अधिकार' मानते हैं , उनके बारे में भी सरकार को स्पष्ट नीति अपनानी चाहिए। यदि सरकारी नौकरियों से अलग भी लोग दो से अधिक बच्चे पैदा करते पाए जाते हैं तो उनके साथ कौन सी ऐसी कठोरता दिखाई जाएगी, जिससे वे अधिक बच्चा पैदा करने से अपने आप को रोक पाएं - इस पर भी सरकार को अपना स्पष्ट दृष्टिकोण प्रकट करना चाहिए।

एक बात पूरी तरह साफ है कि जो लोग भारत भक्त हैं वे ऐसी नीतियों पर स्वाभाविक रूप से सरकार के साथ खड़े होते हैं पर जो लोग 'दीनी खिदमत' को देश की खिदमत पर वरीयता देते हैं वे इनके विरोध में होते हैं।

हिंदू अपने अस्तित्व को सरकार की नीतियों के पालन में सुरक्षित हुआ देखता है, जबकि एक अल्पसंख्यक वर्ग अपने अस्तित्व को सरकार की नीतियों का उल्लंघन करने में बचा और बना हुआ देखता है। इस विरोधाभास को सरकारें भी समझती हैं और समाज के लोग भी समझते हैं। इस विरोध को समाप्त करने के लिए तथाकथित अल्पसंख्यक वर्ग के धार्मिक गुरुओं को सामने आना चाहिए। यद्यपि उनके बारे में यह सर्वमान्य सत्य है कि वह कभी भी ऐसा नहीं करेंगे। जनसंख्या नियंत्रण के यूपी सरकार के इस प्रारूप पर भी तथाकथित अल्पसंख्यक वर्ग के धार्मिक रूप से विरोध में छाती पीटने लगे हैं। हमारा मानना है कि योगी सरकार के इस प्रारूप को और भी अधिक कठोर बनाकर कानून के रूप में परिणत कर देश की सभी राज्य सरकारों को अपने लिए आदर्श के रूप में स्वीकार करना चाहिए। 'हिंदू अस्तित्व' के लिए यह बहुत आवश्यक हो गया है।

प्रस्तुत पुस्तक में 'हिंदू अस्तित्व' के लिए विराजमान खतरों की ओर संकेत करने का प्रयास किया गया है। समय रहते देश के बहुसंख्यक समाज को जागना होगा। इस पुस्तक को लिखने का हमारा उद्देश्य किसी वर्ग विशेष के प्रति घृणा फैलाना या उनके अस्तित्व को मिटाना बिल्कुल नहीं है। हम चाहते हैं कि देश का प्रत्येक वर्ग या संप्रदाय देश के

संविधान प्रदत्त मौलिक अधिकारों का प्रयोग करते हुए अपना अस्तित्व बनाए रखे। हमारा मानना है कि देश का कोई भी वर्ग या संप्रदाय किसी भी स्थिति में बहुसंख्यक समाज के कलेजा को न खाए, इसका प्रबंध करना न केवल देश की सरकारों का काम है बल्कि देश के बहुसंख्यक समाज के लोगों का भी काम है। इसके लिए तथाकथित अल्पसंख्यक समाज के लोगों को भी सामने आना चाहिए। जिससे देश में एक वास्तविक 'सर्व संप्रदाय समभाव' का प्रवेश वर्जित हो सके।

इसी सद्भाव और समभाव के साथ यह पुस्तक आपके कर कमलों में सादर समर्पित कर रहा हूं।

आशा है आपका शुभ आशीर्वाद अवश्य प्राप्त होगा।

भवदीय

-डॉ. राकेश कुमार आर्य

निवास : अंसल गोल्फ लिंक - 2

मकान नंबर सी.ई. - 121,

ग्रेटर नोएडा, गौतमबुद्ध नगर (उत्तर प्रदेश)

चलभाष – 9911169917

विषय सूची

अध्याय - 1

हिन्दू : बचके रहना रे बाबा तुझपे नजर है...

भारत का वैदिक हिंदू धर्म कभी संपूर्ण भूमंडल के लोगों का धर्म हुआ करता था। तब धर्म की नैतिक शक्ति से ही सामाजिक व्यवस्था चला करती थी। कालांतर में जब संसार की वैदिक व्यवस्था में किन्ही कारणों से घुन लगने लगा और विभिन्न राष्ट्रीयताओं का जन्म हुआ तो अनेकों संप्रदाय, मत, पंथ, मजहब भी संसार में बड़ी तेजी से पैदा हुए।

भारत के वैदिक धर्म के मानने वाले लोगों के भीतर एक भाव बना रहा कि हम तो सारे संसार में सबसे अधिक हैं, इसलिए इस धर्म के मानने वाले लोगों ने नए पैदा होने वाले संप्रदायों और मजहबों के इरादों को गंभीरता से नहीं लिया। 'सद्गुण विकृति' का शिकार भारत का वैदिक हिन्दू समाज आज भी अपनी इस परंपरागत मूर्खता का शिकार है। उसे यह भ्रम है कि हम संसार में बहुत हैं, जबकि अब वह संसार में अल्पसंख्यक हो चुका है। उसे यह पता नहीं है कि अभी इस्लाम को मानने वाले लोगों ने कुछ समय पूर्व जिस देश को 56 वां इस्लामिक देश घोषित किया था, उसके ये सारे के सारे 56 देश कभी इसी भारत के अंग हुआ करते थे।

आंखें बंद कर 'कबूतरी धर्म' निभाते हुए हिंदू समाज दीर्घकाल से अपने विनाश का स्वयं ही कारण बनता रहा है। हिंदू समाज की इसी अज्ञानता के चलते अब एक दैनिक समाचार पत्र में समाचार छपा है कि "प्यू रिसर्च सेंटर के सर्वे के मुताबिक भारत में ईसाई धर्म में परिवर्तित होने वाले तीन-चौथाई (74%) हिंदू अकेले दक्षिण भारतीय राज्यों से हैं।" भारतवर्ष में बड़ी तेजी से हिंदू धर्मावलंबियों का धर्मांतरण कर उन्हें बड़ी गहरी षड़यंत्र भरी सोच के तहत ईसाई बनाया जा रहा है। कई राजनीतिक पार्टी और राजनीतिज्ञ ईसाई मिशनरियों के इस षड़यंत्र में सहयोगी हो रहे हैं। शत्रु हमारे घर के भीतर बैठा है और हमारी नाक के नीचे रहकर विनाश की योजनाएं बना रहा है। सबसे अधिक दु:ख की बात यह है

कि जब हिंदू अपने विरुद्ध रचे जा रहे इस षड्यंत्र के विरुद्ध आवाज उठाता है तो उसे यह कहकर मौन कर दिया जाता है कि कोई भी व्यक्ति किस मजहब को अपनाता है या किस पूजा पद्धति को स्वीकार करता है? – यह उसका अपना मामला है। इस पर किसी को शोर मचाने की आवश्यकता नहीं है। हिंदू के विरुद्ध दी जाने वाली इस दलील के चलते लोग शांत हो जाते हैं और उधर दुश्मन बड़ी संख्या में लोगों को भेड़ों की भाँति उठा–उठाकर अपने खेमे में सम्मिलित करने के अपने काम में सफल होता जाता है।

धर्मांतरण को लेकर जारी सियासत के बीच "प्यू रिसर्च सेंटर (Pew Research Center)" के ताजा सर्वे में सामने आया है कि भारत में सर्वाधिक धर्मांतरण हिंदुओं का हो रहा है। हिंदू को भेड़ों की तरह मूंड़ा जा रहा है और अधिकांश राजनीतिक दल इस खेल को समझ कर भी इस की ओर से अपने पीठ फेरे बैठे हैं। इन्हें सत्ता की तिकड़म तो याद रहती है और वे सारी जुगाड़बाजियां भी ये जानते हैं कि सत्ता कैसे प्राप्त की जा सकती है? परंतु इस देश का मौलिक स्वरूप कैसे बचे? – इस ओर इनका तनिक भी ध्यान नहीं है। ऐसे में यदि इनको देश का गद्दार कहा जाए तो गलती नहीं होगी। देश के राजनीतिक दलों की इस प्रकार की बेरुखी का क्रिश्चियन समुदाय को सर्वाधिक लाभ मिला है। सर्वे में सम्मिलित 0.4 प्रतिशत लोग पहले हिंदू थे जो धर्म परिवर्तित कर क्रिश्चियन बन गए। जबकि सिर्फ 0.1 प्रतिशत लोग पहले क्रिश्चियन थे।

भारत में हिंदू धर्म को पहुंचाई जा रही इस अपरिमित हानि के पीछे देश की सेकुलर राजनीति का बदरंग चेहरा छुपा हुआ है। इसके चलते वोटों की राजनीति करने वाले राजनीतिक दल हिंदू नाम के जीव को धरती से विलुप्त करने में बड़ी अहम भूमिका निभा रहे हैं। भारत की 'सामासिक संस्कृति' के संरक्षण और प्रचार-प्रसार की जिस भावना की संविधान इनसे अपेक्षा करता है उसकी धज्जियां उड़ाने में ये सेकुलर राजनीतिक दल अग्रणी भूमिका में हैं। यही कारण है कि भारत में धर्मांतरण कर ईसाई बनाने के जिस बड़े काम को अंग्रेज अपने शासनकाल में नहीं कर पाए उसे देश के काले अंग्रेजों ने करके दिखा दिया। देश को जब 15 अगस्त 1947 को आजादी मिली थी तो ईसाई समुदाय की कुल जनसंख्या देश की कुल जनसंख्या के आधा प्रतिशत थी, जो अब बढ़कर लगभग 5% हो गई है। कहने का अभिप्राय है कि अंग्रेज अपने शासनकाल में भारत के धर्म को कोई विशेष हानि नहीं पहुंचा पाए। जबकि भारत के काले अंग्रेजों ने इसे बहुत बड़ी क्षति पहुंचा दी है।

प्यू रिसर्च सेंटर के सर्वे के मुताबिक भारत में ईसाई धर्म में परिवर्तित होने वाले तीन-चौथाई (74%) हिंदू अकेले दक्षिण भारतीय राज्यों से हैं। यही कारण है कि दक्षिण भारत के राज्यों में क्रिश्चियन आबादी में थोड़ी सी वृद्धि भी हुई है। सर्वे में सम्मिलित लोगों

में से 6 प्रतिशत दक्षिण भारतीय लोगों ने बताया कि वे जन्म से क्रिश्चन थे। जबकि 7 प्रतिशत लोगों ने कहा कि वे इस वक्त क्रिश्चियन हैं।

अभी पिछले दिनों मैं अपने गांव के एक दलित भाई से मिला जो कि बैंक मैनेजर हैं। उन्होंने बातचीत के सिलसिले में मुझे बताया कि मैंने अपनी नौकरी के काल में सबसे अधिक लाभ मुसलमान और दलितों को पहुंचाया है। उनके मुंह से ऐसे शब्द सुनकर मुझे घोर आश्चर्य हुआ और साथ ही मैंने यह अनुमान लगाया कि "जय भीम और जय मीम" का जुनून किस कदर हमारे दलित भाइयों के मन मस्तिष्क में चढ़ चुका है? कम्युनिस्ट और मुसलमान मिलकर इन दलितों के दिमाग में यह बात सफलतापूर्वक स्थापित करते जा रहे हैं कि तुम हिंदू नहीं हो, बल्कि हिंदू तो इस देश की अगड़ी जातियां हैं, जिन्होंने तुम्हें सदा उत्पीड़ित किया है। तुम्हें उस उत्पीड़ित करने वाले वर्ग के विरुद्ध अब मैदान में उतर आना चाहिए। मुसलमानों के साथ-साथ जहां-जहां ईसाई बहुसंख्यक हैं वहां वे भी इसी खेल को खेल रहे हैं। जिससे हिंदू समाज के लिए दलित भाइयों का विद्रोहात्मक दृष्टिकोण बहुत ही चिंता का विषय बन चुका है। हिंदू समाज के शत्रु लोग हिंदुओं को जातीय संघर्ष में धकेल देना चाहते हैं। दलित मुस्लिम उत्पीड़न का बहुत अधिक संख्या में शिकार होकर भी "जय भीम और जय मीम" के नारे में फंस कर अपने ही लोगों के विरुद्ध लामबंद होता जा रहा है। उधर अगड़ी जातियां भी जातीय अहंकार में अपने दलित भाइयों को गले लगाने को तैयार नहीं हैं। मेरे गांव के उपरोक्त दलित भाई के ऊपर भी इसी प्रकार का हिंदूद्रोही विचार हावी प्रभावी हो चुका था।

अब उपरोक्त सर्वे के अनुसार धर्म परिवर्तन करने वालों में लगभग आधे अनुसूचित जाति से संबंध रखते हैं। सर्वे के अनुसार ऐसे हिंदू जो धर्म परिवर्तन कर क्रिश्चियन बन गए, उनमें लगभग आधी आबादी (48 प्रतिशत) अनुसूचित जाति के लोगों की है।

जबकि 14% एसटी और 26% ओबीसी वर्ग से सम्बन्ध रखते हैं। सर्वे में यह बात भी सामने आई है कि हिंदू धर्म छोड़ क्रिश्चियन में परिवर्तित होने वाले 45% लोगों ने कहा कि भारत में खासकर अनुसूचित जातियों के साथ भेदभाव की बड़ी समस्या है और धर्मांतरण के पीछे यह भी एक महत्त्वपूर्ण कारण है।

वास्तव में देश में इस समय हिंदू समाज के भीतर व्याप्त बुराइयों को दूर करने के लिए एक जन आन्दोलन की आवश्यकता है। इतना ही नहीं जो लोग दलित समाज के लोगों को भड़काकर हिंदू समाज के विरोध में लाने का काम कर रहे हैं, उनके विरुद्ध भी शासकीय स्तर पर कठोर कार्यवाही की जानी अपेक्षित है। इस समय देश की सरकार को ऐसी व्यवस्था करनी चाहिए कि दलित समाज किसी भी दृष्टिकोण से और किसी भी कीमत पर हिंदू समाज से टूटने न पाए। वोटों की राजनीति के फेर में यदि दलित – मुस्लिम – ईसाई

आदि का गठजोड़ हुआ तो यह बिना संघर्ष ही देश को तोड़ने और नए-नए पाकिस्तान बनाने का एक आधार बन जाएगा। इसलिए सरकारों को जागने की आवश्यकता है। इसके अतिरिक्त जो राजनीतिक दल इस समय सेकुलर गैंग में सम्मिलित होकर भारत के मौलिक सामाजिक स्वरूप को बिगाड़ने का कार्य कर रहे हैं उनकी राजनीतिक मान्यता भी समाप्त की जानी चाहिए। ध्यान रहे कि राजनीति, राजनीतिक दल और देश के राजनीतिज्ञ देश की एकता, अखंडता और संप्रभुता की रक्षा के लिए पैदा होते हैं, देश के सामाजिक परिवेश को अथवा सामाजिक समरसता को अक्षुण्ण बनाए रखने के लिए पैदा होते हैं और देश के धर्म व संस्कृति की रक्षा के लिए पैदा होते हैं। यदि यह भाव राजनीतिक दलों, राजनीतिज्ञों और राजनीति में नहीं है तो फिर इन सबका होना निरर्थक है। इन निरर्थक संस्थानों, पार्टियों और लोगों की भीड़ के बीच हिंदू को यह समझ लेना चाहिए कि उसका अस्तित्व इस समय गहरे संकट में है। बात यही है कि – "बचके रहना रे बाबा, तुझपे नजर है ...।"

अध्याय - 2

मुसलमानों के बारे में डॉक्टर अंबेडकर के विचार

डॉक्टर भीमराव अंबेडकर इस्लामिक सांप्रदायिकता और भारत विभाजन के बारे में जितने अधिक स्पष्ट विचार रखते थे, उतने तत्कालीन कांग्रेस के नेता गांधी और नेहरू तो कतई नहीं रखते थे। बाबा साहेब डॉ. अम्बेडकर सम्पूर्ण वाड्मय, खंड 15 -'पाकिस्तान और भारत का विभाजन, 2000 से हम यहां कुछ ऐसे उद्धरण प्रस्तुत कर रहे हैं जिनसे बाबासाहेब के राष्ट्रवादी चिंतन का हमें पता चलता है। इन उदाहरणों से आज के मुस्लिम दलित गठजोड़ की वकालत करने वाले दलित समाज के पैरोकारों को भी शिक्षा लेनी चाहिए।

1. हिन्दू काफ़िर है और मुसलमानों के द्वारा सम्मान के योग्य नहीं है - "मुसलमानों के लिए हिन्दू काफ़िर हैं, और एक काफ़िर सम्मान के योग्य नहीं है। वह निम्न कुल में जन्मा होता है, और उसकी कोई सामाजिक स्थिति नहीं होती। इसलिए जिस देश में क़ाफिरों का शास नहो, वह मुसलमानों के लिए दार-उल-हर्ब है ऐसी स्थिति में यह साबित करने के लिए और सबूत देने की आवश्यकता नहीं है कि मुसलमान हिन्दू सरकार के शासन को स्वीकार नहीं करेंगे।" (पृ. 304)
2. मुस्लिम भ्रातृभाव केवल मुसलमानों के लिए है उसकी परिधि में कोई भी काफिर अर्थात हिंदू कभी भी नहीं आ सकता। "इस्लाम एक बंद निकाय की तरह है, जो मुसलमानों और गैर-मुसलमानों के बीच जिस प्रकार का भेद यह करता है, वह बिल्कुल मूर्त और स्पष्ट है। इस्लाम का भ्रातृभाव मानवता का भ्रातृत्व नहीं है, मुसलमानों का मुसलमानों से ही भ्रातृभाव मानवता का भ्रातृत्व नहीं है, मुसलमानों का मुसलमानों से ही भ्रातृत्व है। यह बंधुत्व है, परन्तु इसका लाभ अपने ही निकाय के लोगों तक सीमित है और जो इस निकाय से बाहर हैं, उनके लिए इसमें सिर्फ घृणा और शत्रुता ही

है। इस्लाम का दूसरा अवगुण यह है कि यह सामाजिक स्वशासन की एक पद्धति है और स्थानीय स्वशासन से मेल नहीं खाता, क्योंकि मुसलमानों की निष्ठा, जिस देश में वे रहते हैं, उसके प्रति नहीं होती, बल्कि वह उस धार्मिक विश्वास पर निर्भर करती है, जिसका कि वे एक हिस्सा हैं। एक मुसलमान के लिए इसके विपरीत या उल्टे सोचना अत्यन्त दुष्कर है। जहाँ कहीं इस्लाम का शासन है, वहीं उसका अपना विश्वास है। दूसरे शब्दों में, इस्लाम एक सच्चे मुसलमान को भारत को अपनी मातृभूमि और हिन्दुओं को अपना निकट सम्बन्धी मानने की इज़ाजत नहीं देता। सम्भवतः यही वजह थी कि मौलाना मुहम्मद अली जैसे एक महान भारतीय, परन्तु सच्चे मुसलमान ने, अपने, शरीर को हिन्दुस्तान की बजाए येरूसलम में दफनाया जाना अधिक पसंद किया।"

डॉक्टर अंबेडकर जी की दृष्टि से यदि देखा जाए तो इस्लाम का यही विचार या चिंतन ही है जो भारतवर्ष में राष्ट्र की मजबूत अवधारणा को जन्म नहीं लेने देता। जिस भारतीय राष्ट्रवाद की बात भारत में की जाती है, उसमें इस्लाम की यही सोच सबसे बड़ी बाधा है। जिससे पता चलता है कि कोई भी ऐसा मुसलमान जो इस विचार में आस्था रखता है वह भारत की मुख्य राष्ट्रवादी विचारधारा के साथ ना तो सहमति बना सकता है और ना ही उसे अपनी स्वीकृति प्रदान कर सकता है। गंगा जमुनी संस्कृति की छद्मवादी सोच के आधार पर मुसलमान भारत में लंगड़े लूले राष्ट्रवाद की कल्पना को साकार करते हुए दिखाई देते हैं। जिससे उनके अपने राजनीतिक और सामाजिक हित साधे जा सकते हैं और देर-सबेर वे भारत को तोड़ने की अपनी योजना में सफल हो सकते हैं। देश का हिंदू इस सच से अभी भी आंखें बंद किए बैठा है।

3. आप लाख प्रयास करने के उपरांत भी एक साम्प्रदायिक और राष्ट्रीय मुसलमान में अन्तर नहीं कर पाओगे- "लीग को बनाने वाले साम्प्रदायिक मुसलमानों और राष्ट्रवादी मुसलमानों के अन्तर को समझना कठिन है। यह अत्यन्त संदिग्ध है कि राष्ट्रवादी मुसलमान किसी वास्तविक जातीय भावना, लक्ष्य तथा नीति से कांग्रेस के साथ रहते हैं, जिसके फलस्वरूप वे मुस्लिम लीग से पृथक पहचाने जाते हैं। यह कहा जाता है कि वास्तव में अधिकांश कांग्रेसजनों की धारण है कि इन दोनों में कोई अन्तर नहीं है, और कांग्रेस के अन्दर राष्ट्रवादी मुसलमानों की स्थिति साम्प्रदायिक मुसलमानों की सेना की एक चौकी की तरह है। यह धारणा असत्य प्रतीत नहीं होती। जब कोई व्यक्ति इस बात को याद करता है कि राष्ट्रवादी मुसलमानों के नेता स्वर्गीय डॉ. अंसारी ने साम्प्रदायिक निर्णय का विरोध करने से इंकार किया था, यद्यपि कांग्रेस और राष्ट्रवादी मुसलमानों द्वारा पारित प्रस्ताव का घोर विरोध होने पर भी मुसलमानों को पृथक निर्वाचन उपलब्ध हुआ।" (पृ.414 - 415)

किसी भी देश के मूल निवासियों और बहुसंख्यक समाज से किसी भी प्रकार की नीति अपनाकर मुसलमान अधिक से अधिक लाभ उठाने की फिराक में रहते हैं। इसके लिए कभी उदार होना, कभी झगड़ालू होना तो कभी उग्र होकर सांप्रदायिक हिंसा फैलाना - यह सब उसकी अपनी नीति रणनीति के हिस्से हैं। भारत में जिन लोगों ने मुसलमानों के उदार और शांतिवादी मजहब होने के भ्रम में फंसकर उनका विश्वास किया है, वही धोखे में रहे हैं।

4. भारत में मुस्लिम साम्प्रदायिकता के बीज मुस्लिम आक्रांताओं ने बोये। ऐसा एक भी मुस्लिम आक्रांता भारत में नहीं आया, जिसने मुसलमानों की सांप्रदायिकता का विरोध किया हो और हिंदू समाज की उदारता का सम्मान किया जो। -"मुस्लिम आक्रांता निस्संदेह हिन्दुओं के विरुद्ध घृणा के गीत गाते हुए आए थे। परन्तु वे घृणा का वह गीत गाकर और मार्ग में कुछ मंदिरों को आग लगा कर ही वापस नहीं लौटे। ऐसा होता तो यह वरदान माना जाता। वे ऐसे नकारात्मक परिणाम मात्र से संतुष्ट नहीं थे। उन्होंने इस्लाम का पौधा लगाते हुए एक सकारात्मक कार्य भी किया। इस पौधे का विकास भी उल्लेखनीय है। यह ग्रीष्म में रोपा गया कोई पौधा नहीं है। यह तो ओक (बांज) वृक्ष की तरह विशाल और सुदृढ़ है। उत्तरी भारत में इसका सर्वाधिक सघन विकास हुआ है। एक के बाद हुए दूसरे हमले ने इसे अन्यत्र कहीं की भी अपेक्षा अपनी 'गाद' से अधिक भरा है और उन्होंने निष्ठावान मालियों के तुल्य इसमें पानी देने का कार्य किया है। उत्तरी भारत में इसका विकास इतना सघन है कि हिन्दू और बौद्ध अवशेष झाड़ियों के समान होकर रह गए हैं; यहाँ तक कि सिखों की कुल्हाड़ी भी इस ओक (बांज) वृक्ष को काट कर नहीं गिरा सकी।" (पृ. 49)

भारत पर आक्रमण करने वाले प्रत्येक इस्लामिक आक्रमणकारी ने जिस सांप्रदायिक घृणा का प्रचार-प्रसार किया, उसी के परिणामस्वरूप इस्लाम धर्म को मानने वाले लोग भारतीय राष्ट्र के प्रति कभी समर्पित होकर नहीं रह सके। उन्हें अलग देश मांगने की जिद रही। जिसके परिणामस्वरुप वह भारत से अलग तीन देश अर्थात अफगानिस्तान, पाकिस्तान और बांग्लादेश ले चुके हैं। जबकि आजादी के बाद भारत में रहकर ही भारत के प्रांत कश्मीर को तोड़ने की पूरी तैयारी कर रहे थे। जिसे केंद्र की मोदी सरकार ने 5 अगस्त, 2019 को धारा 370 और 35a को हटाकर बहुत हद तक सीमित कर दिया है।

5. मुसलमानों की राजनीतिक गुंडागर्दी भारतीय समाज और राष्ट्र के लिए हर काल में घातक रही है।- "तीसरी बात, मुसलमानों द्वारा राजनीति में अपराधियों के तौर-तरीके अपनाया जाता है। दंगे इस बात के पर्याप्त संकेत हैं कि गुंडागर्दी उनकी राजनीति का एक स्थापित तरीका हो गया है।" (पृ. 267)

डॉक्टर अंबेडकर जी के इस कथन से इस बात की भी पुष्टि होती है कि अपराधियों का राजनीतिकरण करने की प्रक्रिया भारत में तब से ही आरंभ हुई जब इस्लाम का यहां पर आगमन हुआ। इसने प्रत्येक मुस्लिम सुल्तान, नवाब और बादशाह के अपराधों का राजनीतिकरण किया है। इसे ऐसे भी कह सकते हैं कि अपराधियों का राजनीतिकरण करना मुसलमान की मुख्य सोच है।

6. जिन अपराधियों का मुसलमानों ने राजनीतिकरण किया, वही उनके लिए इसलिए शहीद की श्रेणी में आ गए क्योंकि उन्होंने भारत में रहकर भारत के मूल समाज के मानने वाले हिंदू समुदाय का जी भरकर कत्लेआम किया था। उनकी बहन-बेटियों के साथ मनमाने अत्याचार किए थे और लूटने, काटने, पीटने के मामले में नरसंहारों के कीर्तिमान स्थापित किए थे। मानवता के हत्यारों को शहीद कहना इस्लाम की विशेषता है- "महत्त्व की बात यह है कि धर्मांध मुसलमानों द्वारा कितने प्रमुख हिन्दुओं की हत्या की गई। मूल प्रश्न है उन लोगों के दृष्टिकोण का, जिन्होंने यह कत्ल किये। जहाँ कानून लागू किया जा सका, वहाँ हत्यारों को कानून के अनुसार सज़ा मिली; तथापि प्रमुख मुसलमानों ने इन अपराधियों की कभी निंदा नहीं की। इसके विपरीत उन्हें 'गाजी' बताकर उनका स्वागत किया गया और उनके क्षमादान के लिए आन्दोलन शुरू कर दिए गए। इस दृष्टिकोण का एक उदाहरण है लाहौर के बैरिस्टर मि. बरकत अली का, जिसने अब्दुल कयूम की ओर से अपील दायर की। वह तो यहाँ तक कह गया कि कयूम नाथूराम की हत्या का दोषी नहीं है, क्योंकि कुरान के कानून के अनुसार यह न्यायोचित है। मुसलमानों का यह दृष्टिकोण तो समझ में आता है, परन्तु जो बात समझ में नहीं आती, वह है श्री गांधी का दृष्टिकोण।"(पृ. 147-148)

7. भारत में आज चाहे लोग कितना ही शोर मचा लें कि वह गंगा जमुनी तहजीब में विश्वास रखते हैं, परंतु सच यह है कि मुस्लिम दृष्टिकोण से भारतवर्ष में हिंदू और मुसलमान दो विभिन्न प्रजातियां हैं। जिनका कभी भी एक मंच पर बैठना संभव नहीं हो सकता।- "आध्यात्मिक दृष्टि से हिन्दू और मुसलमान केवल ऐसे दो वर्ग या सम्प्रदाय नहीं हैं जैसे प्रोटेस्टेंट्स और कैथोलिक या शैव और वैष्णव, बल्कि वे तो दो अलग-अलग प्रजातियां हैं।" (पृ. 185)

दो अलग प्रजातियां होने के इस विचार ने मुसलमानों को कभी भी हिंदुओं के साथ मिलकर चलने की शिक्षा नहीं दी। उन्होंने हिंदुओं को मार्ग से हटाकर अपनी हुकूमत कायम करके सारे देश का इस्लामीकरण करने की नीति पर कार्य किया है।

8. इस्लाम और जातिप्रथा- "जाति प्रथा को लीजिए। इस्लाम भ्रातृ-भाव की बात कहता है। हर व्यक्ति यही अनुमान लगाता है कि इस्लाम दास प्रथा और जाति प्रथा से मुक्त होगा। गुलामी के बारे में तो कहने की आवश्यकता ही नहीं। अब कानूनन यह समाप्त

हो चुकी है। परन्तु जब यह विद्यमान थी, तो ज्यादातर समर्थन इसे इस्लाम और इस्लामी देशों से ही मिलता था। कुरान में पैंगबर ने गुलामों के साथ उचित व्यवहार, इस्लाम में ऐसा कुछ भी नहीं है जो इस अभिशाप के उन्मूलन के समर्थन में हो। जैसाकि सर डब्ल्यू. म्यूर ने स्पष्ट कहा है- "*...गुलाम या दास प्रथा समाप्त हो जाने में मुसलमानों का कोई हाथ नहीं है, क्योंकि जब इस प्रथा के बंधन ढीले करने का अवसर था, तब मुसलमानों ने उसको मजबूती से पकड़ लिया... किसी मुसलमान पर यह दायित्व नहीं है कि वह अपने गुलामों को मुक्त कर दें...*"

परन्तु गुलामी भले ही विदा हो गई हो, जाति तो मुसलमानों में क़ायम है। उदाहरण के लिए बंगाल के मुसलमानों की स्थिति को लिया जा सकता है। 1901 के लिए बंगाल प्रांत के जनगणना अधीक्षक ने बंगाल के मुसलमानों के बारे में यह रोचक तथ्य दर्ज किए हैं :-

"मुसलमानों का चार वर्गों- शेख, सैयद, मुग़ल और पठान में परम्परागत विभाजन इस प्रांत (बंगाल) में प्रायः लागू नहीं है। मुसलमान दो मुख्य सामाजिक विभाग मानते हैं- 1. अशरफ अथवा शरु और 2- अज़लफ। अशरफ से तात्पर्य है 'कुलीन', और इसमें विदेशियों के वंशज तथा ऊँची जाति के अधर्मांतरित हिन्दू शामिल हैं। शेष अन्य मुसलमान जिनमें व्यावसायिक वर्ग और निचली जातियों के धर्मांतरित शामिल हैं, उन्हें अज़लफ अर्थात् नीचा अथवा निकृष्ट व्यक्ति माना जाता है। उन्हें कमीना अथवा इतर कमीन या रासिल, जो रिजाल का भ्रष्ट रूप है, 'बेकार' कहा जाता है। कुछ स्थानों पर एक तीसरा वर्ग 'अरज़ल' भी है, जिसमें आने वाले व्यक्ति सबसे नीच समझे जाते हैं। उनके साथ कोई भी अन्य मुसलमान मिलेगा-जुलेगा नहीं और न उन्हें मस्जिद और सार्वजनिक कब्रिस्तानों में प्रवेश करने दिया जाता है।

इन वर्गों में भी हिन्दुओं में प्रचलित जैसी सामाजिक वरीयता और जातियां हैं।

1. 'अशरफ' अथवा उच्च वर्ग के मुसलमान (i) सैयद, (ii) शेख, (iii) पठान, (iv) मुगल, (v) मलिक और (vi) मिर्ज़ा।
2. 'अज़लफ' अथवा निम्न वर्ग के मुसलमान
   i. खेती करने वाले शेख और अन्य वे लोग जो मूलतः हिन्दू थे, किन्तु किसी बुद्धिजीवी वर्ग से सम्बन्धित नहीं हैं और जिन्हें अशरफ समुदाय, अर्थात् पिराली और ठकराई आदि में प्रवेश नहीं मिला है।
   ii. दर्जी, जुलाहा, फकीर और रंगरेज।
   iii. बाढ़ी, भटियारा, चिक, चूड़ीहार, दाई, धावा, धुनिया, गड्डी, कलाल, कसाई, कुला, कुंजरा, लहेरी, माहीफरोश, मल्लाह, नालिया, निकारी।

iv. अब्दाल, बाको, बेड़िया, भाट, चंबा, डफाली, धोबी, हज्जाम, मुचो, नगारची, नट, पनवाड़िया, मदारिया, तुन्तिया।

3. 'अरजल' अथवा निकृष्ट वर्ग भानार, हलालखोर, हिजड़ा, कसंबी, लालबेगी, मोगता, मेहतर।

जनगणना अधीक्षक ने मुस्लिम सामाजिक व्यवस्था के एक और पक्ष का भी उल्लेख किया है। वह है 'पंचायत प्रणाली' का प्रचलन। वह बताते हैं :-

"पंचायत का प्राधिकार सामाजिक तथा व्यापार सम्बन्धी मामलों तक व्याप्त है और...अन्य समुदायों के लोगों से विवाह एक ऐसा अपराध है, जिस पर शासी निकाय कार्यवाही करता है। परिणामत: ये वर्ग भी हिन्दू जातियों के समान ही प्राय: कठोर संगोती हैं, अंतर-विवाह पर रोक ऊंची जातियों से लेकर नीची जातियों तक में लागू है। उदाहरणतः कोई घूमा अपनी ही जाति अर्थात् घूमा में ही विवाह कर सकता है। यदि इस नियम की अवहेलना की जाती है तो ऐसा करने वाले को तत्काल पंचायत के समक्ष पेश किया जाता है। एक जाति का कोई भी व्यक्ति आसानी से किसी दूसरी जाति में प्रवेश नहीं ले पाता और उसे अपनी उसी जाति का नाम कायम रखना पड़ता है, जिसमें उसने जन्म लिया है। यदि वह अपना लेता है, तब भी उसे उसी समुदाय का माना जाता है, जिसमें कि उसने जन्म लिया था... हजारों जुलाहें कसाई का धंधा अपना चुके हैं, किन्तु वे अब भी जुलाहें ही कहे जाते हैं।"

इसी तरह के तथ्य अन्य भारतीय प्रान्तों के बारे में भी वहाँ की जनगणना रिपोर्टों से वे लोग एकत्रित कर सकते हैं, जो उनका उल्लेख करना चाहते हों। परन्तु बंगाल के तयि ही यह दर्शाने के लिए पर्याप्त हैं कि मुसलमानों में जाति प्राणी ही नहीं, छुआछूत भी प्रचलित है।" (पृ. 221-223)

9. इस्लामी कानून समाज-सुधार के विरोधी- "मुसलमानों में इन बुराइयों का होना दुखद है। किन्तु उससे भी अधिक दुखद तथ्य यह है कि भारत के मुसलमानों में समाज सुधार का ऐसा कोई संगठित आन्दोलन नहीं उभरा जो इन बुराईयों का सफलतापूर्वक उन्मूलन कर सकें। हिन्दुओं में भी अनेक सामाजिक बुराईयां हैं। परन्तु सन्तोषजनक बात यह है कि उनमें से अनेक इनकी विद्यमानता के प्रति सजग हैं और उनमें से कुछ उन बुराईयों के उन्मूलन हेतु सक्रिय तौर पर आन्दोलन भी चला रहे हैं। दूसरी ओर, मुसलमान यह महसूस ही नहीं करते कि ये बुराईयां हैं। परिणामतः वे उनके निवारण हेतु सक्रियता भी नहीं दर्शाते। इसके विपरीत, वे अपनी मौजूदा प्रथाओं में किसी भी परिवर्तन का विरोध करते हैं। यह उल्लेखनीय है कि मुसलमानों ने केन्द्रीय असेंबली में 1930 में पेश किए गए बाल विवाह विरोधी विधेयक का भी विरोध किया था,

जिसमें लड़की की विवाह-योग्य आयु 14 वर्ष और लड़के की 18 वर्ष करने का प्रावधान था। मुसलमानों ने इस विधेयक का विरोध इस आधार पर किया कि ऐसा किया जाना मुस्लिम धर्मग्रन्थ द्वारा निर्धारित कानून के विरुद्ध होगा। उन्होंने इस विधेयक का हर चरण पर विरोध ही नहीं किया, बल्कि जब यह कानून बन गया तो उसके खिलाफ सविनय अवज्ञा अभियान भी छेड़ा। सौभाग्य से उक्त अधिनियम के विरुद्ध मुसलमानों द्वारा छेड़ा गया वह अभियान फेल हो गया, और उन्हीं दिनों कांग्रेस द्वारा चलाए गए सविनय अवज्ञा आन्दोलन में समा गया। परन्तु उस अभियान से यह तो सिद्ध हो ही जाता है कि मुसलमान समाज सुधार के कितने प्रबल विरोधी हैं।" (पृ. 226)

10. मुस्लिम राजनीतिज्ञों द्वारा धर्मनिरपेक्षता का विरोध- "मुस्लिम राजनीतिज्ञ जीवन के धर्मनिरपेक्ष पहलुओं को अपनी राजनीति का आधार नहीं मानते, क्योंकि उनके लिए इसका अर्थ हिन्दुओं के विरुद्ध अपने संघर्ष में अपने समुदाय को कमजोर करना ही है। गरीब मुसलमान धनियों से इंसाफ़ पाने के लिए गरीब हिन्दुओं के साथ नहीं मिलेंगे। मुस्लिम जोतदार जमींदारों के अन्याय को रोकने के लिए अपनी ही श्रेणी के हिन्दुओं के साथ एकजुट नहीं होंगे। पूंजीवाद के खिलाफ श्रमिक के संघर्ष में मुस्लिम श्रमिक हिन्दू श्रमिकों के साथ शामिल नहीं होंगे। क्यों? उत्तर बड़ा सरल है। गरीब मुसलमान यह सोचता है कि यदि वह धनी के खिलाफ गरीबों के संघर्ष में शामिल होता है तो उसे एक धनी मुसलमान से भी टकराना पड़ेगा। मुस्लिम जोतदार यह महसूस करते हैं कि यदि वे जमींदारों के खिलाफ अभियान में योगदान करते हैं तो उन्हें एक मुस्लिम जमींदार के खिलाफ भी संघर्ष करना पड़ सकता है। मुसलमान मजदूर यह सोचता है कि यदि वह पूंजीपति के खिलाफ श्रमिक के संघर्ष में सहभागी बना तो वह मुस्लिम मिल-मालिक की भावाओं को आघात पहुंचाएगा। वह इस बारे में सजग हैं कि किसी धनी मुस्लिम, मुस्लिम ज़मींदार अथवा मुस्लिम मिल-मालिक को आघात पहुंचाना मुस्लिम समुदाय को हानि पहुंचाना है और ऐसा करने का तात्पर्य हिन्दू समुदाय के विरुद्ध मुसलमानों के संघर्ष को कमजोर करना ही होगा।" (पृ. 229-230)

11. मुस्लिम कानूनों के अनुसार भारत मुसलमानों के लिए कभी भी ऐसी पवित्र भूमि नहीं हो सकती जिसके प्रति वह श्रद्धा से झुक सकते हैं। उनकी नजरों में यह केवल हिंदुओं की भूमि है, जिसे हड़प कर वह अपना बना लेना चाहते हैं।- "मुस्लिम धर्म के सिद्धान्तों के अनुसार, विश्व दो भागों में विभाजित है- दार-उल-इस्लाम तथा दार-उल-हर्ब। मुस्लिम शासित देश दार-उल-इस्लाम हैं। वह देश जिसमें मुसलमान सिर्फ रहते हैं, न कि उस पर शासन करते हैं, दार-उल-हर्ब है। मुस्लिम धार्मिक कानून का ऐसा

होने के कारण भारत हिन्दुओं तथा मुसलमानों दोनों की मातृभूमि नहीं हो सकती है। यह मुसलमानों की धरती हो सकती है-किन्तु यह हिन्दुओं और मुसलमानों की धरती, जिसमें दोनों समानता से रहें, नहीं हो सकती। फिर, जब इस पर मुसलमानों का शासन होगा तो यह मुसलमानों की धरती हो सकती है। इस समय यह देश गैर-मुस्लिम सत्ता के प्राधिकार के अन्तर्गत हैं, इसलिए मुसलमानों की धरती नहीं हो सकती। यह देश दार-उल-इस्लाम होने की बजाय दार-उल-हर्ब बन जाता है। हमें यह नहीं मान लेना चाहिए कि यह दृष्टिकोण केवल शास्त्रीय है। यह सिद्धान्त मुसलमानों को प्रभावित करने में बहुत कारगर कारण हो सकता है।" (पृ. 296-297)

12. दार-उल-हर्ब के रूप में स्थापित भारत जैसे देश को दारुल इस्लाम में परिवर्तित करना प्रमुख उद्देश्य है। भारत में जिहाद तभी तक है जब तक यह देश दारुल इस्लाम में परिवर्तित नहीं हो जाता है।- "यह उल्लेखनीय है कि जो मुसलमान अपने आपको दार-उल-हर्ब में पाते हैं, उनके बचाव के लिए हिजरत ही उपाय नहीं हैं, मुस्लिम धार्मिक कानून की दूसरी आज्ञा जिहाद (धर्म युद्ध) है, जिसके तहत हर मुसलमान शासक का यह कर्त्तव्य हो जाता है कि इस्लाम के शासन का तब तक विस्तार करता रहे, जब तक सारी दुनिया मुसलमानों के नियंत्रण में नहीं आ जाती। संसार के दो खेमों में बंटने की वजह से सारे देश या दो दार-उल-इस्लाम (इस्लाम का घर) या दार-उल-हर्ब (युद्ध का घर) की श्रेणी में आते हैं। तकनीकी तौर पर हर मुस्लिम शासक का, जो इसके लिए सक्षम है, कर्त्तव्य है कि वह दार-उल-हर्ब को दार-उल-इस्लाम में बदल दे; और भारत में जिस तरह मुसलमानों के हिज़रत का मार्ग अपनाने के उदाहरण हैं, वहाँ ऐसे-ऐसे उदाहरण भी हैं कि उन्होंने जिहाद की घोषणा करने में संकोच नहीं किया।"
"तथ्य यह है कि भारत, चाहे एक मात्र मुस्लिम शासन के अधीन न हो, दार-उल-हर्ब है, और इस्लामी सिद्धान्तों के अनुसार मुसलमानों द्वारा जिहाद की घोषणा करना न्यायसंगत है। वे जिहाद की घोषणा ही नहीं कर सकते, बल्कि उसकी सफलता के लिए विदेशी मुस्लिम शक्ति की मदद भी ले सकते हैं, और यदि विदेशी मुस्लिम शक्ति जिहाद की घोषणा करना चाहती है तो उसकी सफलता के लिए सहायता दे सकते हैं।" (पृ. 297-298)

यदि इस्लाम की इस सोच पर विचार किया जाए तो भारत में मुस्लिमों के मत का समर्थन करने वाले लोगों का यह दावा खोखला सिद्ध होता है कि भारत की आजादी की लड़ाई में मुस्लिम समाज ने भी बढ़-चढ़कर योगदान दिया था।

13. हिन्दू-मुस्लिम एकता एक दिवास्वपन है, जो कभी भी साकार नहीं हो सकता?- "हिन्दू-मुस्लिम एकता की विफलता का मुख्य कारण इस अहसास का न होना है कि

हिन्दुओं और मुसलमानों के बीच जो भिन्नताएं हैं, वे मात्र भिन्नताएं ही नहीं हैं, और उनके बीच मनमुटाव की भावना सिर्फ भौतिक कारणों से ही नहीं हैं इस विभिन्नता का स्रोत ऐतिहासिक, धार्मिक, सांस्कृतिक एवं सामाजिक दुर्भावना है, और राजनीतिक दुर्भावना तो मात्र प्रतिबिंब है। ये सारी बातें असंतोष का दरिया बना लेती हैं जिसका पोषण उन तमाम बातों से होता है जो बढ़ते-बढ़ते सामान्य धाराओं को आप्लावित करता चला जाता है दूसरे स्रोत से पानी की कोई भी धारा, चाहे वह कितनी भी पवित्र क्यों न हो, जब स्वयं उसमें आ मिलती है तो उसका रंग बदलने के बजाय वह स्वयं उस जैसी हो जाती हैं दुर्भावना का यह अवसाद, जो धारा में जमा हो गया हैं, अब बहुत पक्का और गहरा बन गया है। जब तक ये दुर्भावनाएं विद्यमान रहती हैं, तब तक हिन्दू और मुसलमानों के बीच एकता की अपेक्षा करना अस्वाभाविक है।" (पृ. 336)

14. हिन्दू-मुस्लिम एकता के असंभव कार्य को कभी साकार नहीं किया जा सकता- "हिन्दू-मुस्लिम एकता की निरर्थकता को प्रगट करने के लिए मैं इन शब्दों से और कोई शबदावली नहीं रख सकता। अब तक हिन्दू-मुस्लिम एकता कम-से-कम दिखती तो थी, भले ही वह मृग मरीचिका ही क्यों न हो। आज तो न वह दिखती है, और न ही मन में है। यहाँ तक कि अब तो गांधी ने भी इसकी आशा छोड़ दी है और शायद अब वह समझने लगे हैं कि यह एक असम्भव कार्य है।" (पृ. 178)
15. देश में साम्प्रदायिक शान्ति के लिए यह नितांत आवश्यक है कि अल्पसंख्यकों की आबादी का पूर्ण तबादला कर लिया जाए, यानि भारतवर्ष में अब कोई मुस्लिम नहीं रहना चाहिए। क्योंकि वह अपना मनचाहा देश पाकिस्तान ले चुके हैं । यदि ऐसा कर लिया जाता है तो भारतवर्ष में सांप्रदायिक समस्या का हल होकर स्थाई शांति स्थापित हो सकती है- "यह बात निश्चित है कि साम्प्रदायिक शांति स्थापित करने का टिकाऊ तरीका अल्पसंखयकों की अदला-बदली ही हैं। यदि यही बात है तो फिर वह व्यर्थ होगा कि हिन्दू और मुसलमान संरक्षण के ऐसे उपाय खोजने में लगे रहें जो इतने असुरक्षित पाए गए हैं । यदि यूनान, तुर्की और बुल्गारिया जैसे सीमित साधनों वाले छोटे-छोटे देश भी यह काम पूरा कर सके तो यह मानने का कोई कारण नहीं है कि हिन्दुस्तानी ऐसा नहीं कर सकते। फिर यहाँ तो बहुत कम जनता को अदला-बदली करने की आवश्यकता पड़ेगी और कुछ ही बाधाओं को दूर करना है। इसलिए साम्प्रदायिक शांति स्थापित करने के लिए एक निश्चित उपाय को न अपनाना अत्यन्त उपहासास्पद होगा।" (पृ. 101)
16. यदि भारतवर्ष में अल्पसंख्यक मुसलमानों को रख लिया जाता है तो यह ध्यान

रखना चाहिए कि विभाजन के बाद भी अल्पसंख्यक-बहुसंख्यक की समस्या बनी ही रहेगी-" यह बात स्वीकार कर लेनी चाहिए कि पाकिस्तान बनने से हिन्दुस्तान साम्प्रदायिक समस्या से मुक्त नहीं हो जाएगा। सीमाओं का पुनर्निर्धारण करके पाकिस्तान को तो एक सजातीय देश बनाया जा सकता है, परन्तु हिन्दुस्तान तो एक मिश्रित देश बना ही रहेगा। मुसलमान समूचे हिन्दुस्तान में छितरे हुए हैं-यद्यपि वे मुख्यतः शहरों और कस्बों में केंद्रित हैं। चाहे किसी भी ढंग से सीमांकन की कोशिश की जाए, उसे सजातीय देश नहीं बनाया जा सकता। हिन्दुस्तान को सजातीय देश बनाने का एकमात्र तरीका है, जनसंख्या की अदला-बदली की व्यवस्था करना। यह अवश्य विचार कर लेना चाहिए कि जब तक ऐसा नहीं किया जाएगा, हिन्दुस्तान में बहुसंख्यक बनाम अल्पसंख्यक की समस्या और हिन्दुस्तान की राजनीति में असंगति पहले की तरह बनी ही रहेगी।" (पृ. 107)

17. अल्पसंख्यकों की सुरक्षा के लिए संवैधानिक उपाय- "अब मैं अल्पसंख्यकों की उस समस्या की ओर आपका ध्यान दिलाना चाहता हूँ जो सीमाओं के पुनः निर्धारण के उपरान्त भी पाकिस्तान में बनी रहेंगी। उनके हितों की रक्षा करने के दो तरीके हैं। सबसे पहले, अल्पसंख्यकों के राजनीतिक और सांस्कृतिक अधिकारों की रक्षा के लिए संविधान में सुरक्षा उपाय प्रदान करने हैं। भारतीय के लिए यह एक सुपरिचित मामला है और इस बात पर विस्तार से विचार करना आवश्यक है।" (पृ. 385)
18. अल्पसंख्यकों की अदला-बदली एक संभावित हल- "दूसरा तरीका है पाकिस्तान से हिन्दुस्तान में उनका स्थानान्तरण करने की स्थिति पैदा करना। अधिकांश जनता इस समाधान को अधिक पसंद करती है और वह पाकिस्तान की स्वीकृति के लिए तैयार और इच्छुक हो जाएगी, यदि यह प्रदर्शित किया जा सके कि जनसंख्या का आदान-प्रदान सम्भव है। परन्तु इसे वे होश उड़ा देने वाली और दुरूह समस्या समझते हैं। निस्संदेह यह एक आतंकित दिमाग की निशानी है। यदि मामले पर ठंडे और शांतिपूर्ण ढंग से विचार किया जाए तो पता लग जाएगा कि यह समस्या न तो होश उड़ाने वाली है, और न दुरूह।" (पृ. 385)

काश! देश का तत्कालीन नेतृत्व डॉक्टर अंबेडकर जी के विचारों को समझ पाता और उनके अनुसार मुस्लिम समस्या के प्रति नीति निर्धारित कर पाता तो आज देश की अनेकों समस्याएं ना होतीं। वास्तव में भारतवर्ष में अशांति, उग्रवाद और आतंकवाद केवल इसलिए है कि इस्लाम की इस प्रकार की सोच आज भी यथावत और कई क्षेत्रों में तो और भी अधिक उग्र होकर सामने आ रही है। देश का पुरुषार्थ इस प्रकार की अशांति, उग्रवाद और आतंकवाद को समाप्त करने में व्यय हो रहा है। जिस पर लगाम लगाने के लिए देश की सरकारों को पहले दिन से सक्रिय सचेष्ट होना चाहिए था।

अध्याय - 3

हिंदू स्वयं भी लापरवाह है

यदि इतिहास के संदर्भ से देखा जाए तो हिंदू अपने अस्तित्व के लिए आज से नहीं अपितु सदियों से संघर्ष कर रहा है। यद्यपि आज का धर्मनिरपेक्ष हिंदू अपने अस्तित्व के प्रति पूर्णतया असावधान है।

जब इस्लाम ने भारत में प्रवेश किया तो वह हिंदू विनाश के लिए ही भारत में आया था। यह एक अच्छी बात रही कि भारत के तत्कालीन राजनीतिक , धार्मिक और सामाजिक नेतृत्व ने इस बात को गंभीरता से समझा और देश की रक्षा करते हुए संस्कृति रक्षा में भी हमारे धर्मरक्षक और संस्कृतिरक्षक पूर्वजों ने बहुत अधिक सीमा तक सफलता प्राप्त की। (इस विषय में लेखक की 'भारत के 1235 वर्षीय स्वाधीनता संग्राम का इतिहास' - नामक छह खंडों में लिखी गई पुस्तक का अध्ययन अपेक्षित है।)

भारत के लोगों ने जिस राष्ट्र की अवधारणा की थी उसके अंतर्गत संपूर्ण भूमंडल एक राष्ट्र था। उस राष्ट्र में जहां-जहां आतंकवादी या दूसरों के अधिकारों का अतिक्रमण करने वाले अत्याचारी लोग पैदा होते थे, हमारे आर्य पूर्वज उनके विनाश के लिए सामूहिक शक्ति का प्रयोग करते थे। आर्यों का यह संस्कार संपूर्ण भूमंडल पर शांति स्थापित करने के लिए था। ऐसे में जब भारतवर्ष की ओर इस्लाम और उसके आक्रमणकारी बढ़े तो यहां भी राष्ट्र रक्षा को हमारे आर्य पूर्वजों ने या राजाओं ने अपना सबसे प्रथम धर्म घोषित किया।

संसार में जिस संप्रदाय या पंथ के लिए अपना कोई देश नहीं रहा है, उनका अस्तित्व या तो मिट गया या आज मिटने के कगार पर है। इस प्रकार धर्म की रक्षा के लिए स्वधर्म को स्वीकार करने वाले लोगों का एक देश राष्ट्र के रूप में अवश्य होना चाहिए। भारत के राजनीतिक नेतृत्व ने यदि भारत में धर्मनिरपेक्षता के नाम पर 'खिचड़ी धर्म' को अपनी स्वीकृति प्रदान की है तो समझो कि यह हिंदू विरोध की राजनीति है जो हिन्दू के विनाश के लिए काम कर रही है। जो हिंदू धर्मनिरपेक्ष राजनीतिक दलों के झांसे में आकर इस

‘खिचड़ी धर्म’ को अपनाने में ही भारतीय धर्म और संस्कृति की रक्षा होता हुआ देख रहा है वह आत्महत्या की ओर बढ़ रहा है।

किसी भी देश में राष्ट्र की अवधारणा को जीवित रखने के लिए अपने राष्ट्रधर्म के प्रति समर्पित होना बहुत आवश्यक है। इस्लाम ने मजहब के नाम पर ही संसार में अनेकों देश बना डाले हैं और यही स्थिति ईसाई धर्म वालों की है। यद्यपि इस्लाम के सांप्रदायिक राष्ट्र राज्य का चरित्र भारत के धार्मिक राष्ट्र से बहुत ही निम्नतम श्रेणी का है। धार्मिक राष्ट्र राज्य में जहां सब के विकास में अपना विकास समझा जाता है, वहीं सांप्रदायिक राष्ट्र राज्य में किसी एक संप्रदाय का वर्चस्व होता है जो दूसरे संप्रदायों का अस्तित्व मिटाने का काम करता है। जैसा कि पाकिस्तान, अफगानिस्तान , बांग्लादेश आदि में हिंदुओं या सिखों के साथ हुआ है।

इस समय सारे भूमंडल पर लगभग 8 अरब लोग रहते हैं। जिनमें से लगभग ढाई अरब ईसाई हैं और लगभग इतने ही मुसलमान हैं। जबकि लगभग सवा अरब बौद्ध हैं। विश्व में ईसाई, मुस्लिम, यहूदी और बौद्ध राष्ट्र अस्तित्व में हैं। लगभग एक अरब हिन्दू भी विश्व में हैं। इस सब के उपरांत भी ईसाई और मुस्लिम लोग ही सारे संसार में उपद्रव और उत्पात मचाकर अपने मजहब के प्रचार-प्रसार में आज भी लगे हुए हैं। ये दोनों मजहब ही विश्व राजनीति को गहराई से प्रभावित करते हैं और अपने निर्णय को साम, दाम, दंड, भेद – किसी भी प्रकार से लागू करने पर आमादा रहते हैं। भारत के धर्मनिरपेक्ष राजनीतिक दल वैश्विक राजनीति में ईसाई और मुस्लिमों के बढ़ते हस्तक्षेप को यह सोचकर स्वीकार कर लेते हैं कि ये संसार में अधिक हैं, इसलिए इनकी राजनीति और राजनीतिक निर्णयों को हमें स्वीकार करना पड़ेगा। यह बहुत ही उपहासास्पद स्थिति है कि यह जानते हुए भी कि संसार में या समाज में जिसका संख्या बल अधिक होता है संसार या समाज पर वही शासन करता है या वही अपने नियमों और निर्णयों को लोगों पर लागू करने की स्थिति में आ जाता है। भारत के ये धर्मनिरपेक्ष राजनीतिक दल हिंदू के संख्या बल को बढ़ाने की ओर ध्यान न देकर भारत में भी ईसाई और मुस्लिमों की संख्या को बढ़ाने को ही अपनी राजनीति में प्राथमिकता देते हैं। इसका अभिप्राय है कि ये हिंदू के अस्तित्व को मिटाने का या तो मन बना चुके हैं या समझो कि ठेका ले चुके हैं।

विश्व में ईसाईयत और इस्लाम दोनों मजहबों की सांप्रदायिक नीतियों के चलते कई मजहब अपना अस्तित्व खो चुके हैं, जबकि हिंदू बड़ी तेजी से कम होता जा रहा है। भारत में इन दोनों मजहबों ने चुपचाप गठबंधन कर भारतै के हिंदू समाज का गला दबाने का हर प्रकार का षड्यंत्र और हथकंडा अपनाने में कभी सैंकोच नहीं किया है। आजादी के बाद के भारत में ईसाई लोगों की जनसंख्या बड़ी तेजी से बढ़ी है। जिस पर किसी मुसलमान को

क्रियान्वित करते हुए ईसाई और इस्लाम जगत ने संसार में कई हिंदू देशों को समाप्त करने में सफलता प्राप्त की है। इनकी राजनीति के चलते ही नेपाल जैसा देश भी हिंदू राष्ट्र न रहकर अब धर्मनिरपेक्ष राष्ट्र हो गया है। इस प्रकार जाने-अनजाने नेपाल ने भी आत्मविनाश के रास्ते को अपना लिया है। जिस पर वह बड़ी तेजी से बढ़ता जा रहा है। अंतरराष्ट्रीय षड़यंत्र के चलते नेपाल का नेतृत्व भारत के साथ अब मित्रता न रखकर शत्रुता की बातें करने लगा है। वह भारत के विरुद्ध अंतरराष्ट्रीय षड़यंत्रों में तेजी से शत्रुतापूर्ण भूमिका निभाने की ओर बढ़ता जा रहा है। निश्चित रूप से पड़ोसी देश नेपाल का इस प्रकार का आचरण भारत के लिए चिंता का विषय है।

हिंदुस्तान में हिंदू समाज को एक अंधेरी सुरंग में घुसा लिया गया है और धर्मनिरपेक्षता के नाम पर हिन्दू नाम की भेड़ें सहर्ष इस सुरंग में घुस गयी हैं। अब इस सुरंग के भीतर क्या हो रहा है? अर्थात हिंदू अस्तित्व को मिटाने की क्या-क्या चालें, कुचक्र और षड़यंत्र रचे जा रहे हैं या किस प्रकार ये सब क्रियान्वित हो रहे हैं? – इसकी भनक कम से कम कांग्रेसी सरकारों के समय में तो अंतरराष्ट्रीय मंचों पर जाने की तो बात छोड़िए देश के मंचों पर भी मिल नहीं पाती थी। जिससे पता चलता है कि ऐसे षड़यंत्रों को उस समय सरकारों की ओर से भी समर्थन प्राप्त होता रहा है।

हिंदू स्वयं अपने लिए शुतुरमुर्गी धर्म का निर्वाह करने वाली सरकारों को चुनता रहा और इस अंधेरी सुरंग में उसके विनाश का कुचक्र विदेशी शक्तियां चलाती रहीं। इसका सबसे घातक प्रभाव हिंदू के संख्या बल पर पड़ा। इतना ही नहीं, हिंदू मानसिक रूप से भी पंगु कर दिया गया। वह षड़यंत्रकारियों द्वारा लिखे गए इतिहास को ही वास्तविक इतिहास मान कर पढ़ता रहा। जिससे उसके भीतर कायरता का जहर भर दिया गया। इस प्रकार की कायरता ने हिंदू के मनोबल को भी प्रभावित किया।

यदि हम 1947 में हुए देश के विभाजन की ओर चलें तो कांग्रेसी सरकारों ने उस समय हिंदुओं पर हुए सभी अत्याचारों को पर्दा डालकर इस प्रकार दबा दिया था कि जैसे कुछ भी नहीं हुआ। इस प्रकार एक अखलाक की मृत्यु पर जमीन आसमान को सिर पर उठा लेना और हिंदुओं के बड़ी संख्या में किए गए नरसंहार पर भी मौन रहना, यह संस्कार स्वतंत्र भारत की पहली सरकार के शासनकाल में ही पड़ गया था जो आज तक जारी है। जबकि सच यह है कि उस समय लगभग डेढ़ करोड़ हिंदू बेघर हो गए थे। जिन पर मुस्लिम बहुल क्षेत्रों में बहुत ही अमानवीय अत्याचार किए गए थे। इससे पता चलता है कि हिंदुओं को उस समय सबसे अधिक पीड़ा झेलनी पड़ी थी। ऊपर से गांधी जी का गांधीवाद उनके लिए काल बन कर आया। क्योंकि गांधीवाद में कहीं भी हिंदुओं के प्रति सहानुभूति व्यक्त करने का समय नहीं था।

तथ्य यह भी है कि 75 हजार से 1 लाख महिलाओं का बलात्कार या हत्या के लिए अपहरण हुआ। लगभग 10 से 12 लाख हिंदुओं को उस समय अपनी जान से हाथ धोना पड़ा था। बड़ी संख्या में पाकिस्तान में रह रहे हिंदू और सिख अपनी पवित्र धरती हिंदुस्तान की ओर चले, परंतु उनमें से अनेकों अभागे ऐसे रहे जो हिंदुस्तान में पहुंचकर भी जीवित न रह सके। उन्हें सांप्रदायिकता के उन्माद में रंगी इस्लाम की तलवार खा गई। हजारों बच्चों को कत्ल कर दिया गया। बालकों और बूढ़ों के साथ हुए अत्याचारों से जहाँ उस समय धरती हिल गई थी वहीं महिलाओं के साथ जो कुछ हुआ उससे तो धरती और अम्बर दोनों ही हिल गए थे, लेकिन उन अत्याचारों को अपनी आंखों से देख कर भी धर्मनिरपेक्षता के पाले से मारे हुए कांग्रेसियों का दिल नहीं दहला।

पाकिस्तान की जनगणना (1951) के अनुसार पाकिस्तान की कुल आबादी में 22 % हिन्दू थे, जो 1998 की जनगणना में घटकर 1.6 % रह गए हैं। कांग्रेस के समय में वास्तव में पाकिस्तान हिंदुओं के लिए एक आतंकी शिविर हो गया था। जिसमें हिंदुओं को जबरदस्ती मुसलमानों की हवस का शिकार बनाने के लिए छोड़ दिया गया। वहां पर जो अवस्था हिंदू की हुई वह बहुत ही दर्दनाक है। हिंदुस्तान की तत्कालीन कांग्रेसी सरकारों ने पाकिस्तानी हिंदुओं को भारत में रहने नहीं दिया। 1965 से अब तक लाखों पाकिस्तानी हिन्दुओं ने भारत की ओर पलायन किया है। जिन्हें अब नरेंद्र मोदी सरकार द्वारा लाए गए नागरिकता संबंधी कानून से कुछ राहत मिलना संभव हुआ है। जिसके आधार पर वह अब भारत की नागरिकता ले सकते हैं।

देश के बंटवारे के एकदम बाद सिंधी और पंजाबियों के साथ भी जो अन्याय हुआ, अब वह भी पाकिस्तान में सड़कों पर आ चुका है। तभी तो लोग पाकिस्तान के शासकों से आजादी के 72-73 वर्ष पश्चात न्याय की मांग कर रहे हैं।

अफगानिस्तान और भारतवर्ष का सांझा इतिहास भी युगों पुराना है। रामायण काल में भी यह देश भारतवर्ष अर्थात आर्यावर्त का एक अंग था। जबकि महाभारत में तो वहां के शासक शकुनि उसके पिता और पुत्र का बार-बार उल्लेख होता रहा है। इसी देश की गंधारी थी। यहां आर्य वैदिक संस्कृति फलती-फूलती रही है। अनेकों हिंदुस्तानी सम्राटों, विद्वानों, कवियों ने यहां पर रहते हुए मां भारती की अप्रतिम सेवा की है, परंतु आज उनके बलिदान और सेवाएं भारत की धर्मनिरपेक्षता की भेंट चढ़ गई हैं। कोई उन पर शोध करने की सोच भी नहीं सकता। इस प्रकार जो अपने ही थे वह हमारे लिए बेगाने हो गए हैं। अपने पूर्वजों का ही इतना भारी अपमान केवल धर्मनिरपेक्ष भारत में ही हो सकता है। इस्लाम के धर्मांतरण ने भारत के महान पूर्वजों को लील कर रख दिया है।

इस देश के विषय में हमने अपनी पुस्तक "अफगानिस्तान का हिंदू वैदिक अतीत" में विस्तार से प्रकाश डाला है। पाठक उस पुस्तक के माध्यम से यह जानकारी ले सकते हैं कि अफगानिस्तान में किस प्रकार हिंदू का विनाश किया गया है?

हिंदू अस्तित्व को बचाने के लिए और वैदिक संस्कृति की रक्षा के लिए इस देश में जो हिंदू वीर लड़ते रहे उन्हें उस समय इस्लाम ने 'बदमाश' कहा तो अंग्रेजों ने उनको दस्यु या 'डकैत' कहकर पुकारा। दुर्भाग्यवश स्वतंत्र भारत के लोगों ने भी और विशेष रूप से इतिहासकारों ने भी उन्हें 'बदमाश' और 'डकैत' ही मान लिया। नेहरू के 'नए भारत' में यह अवधारणा तेजी से स्थापित की गई कि अतीत की कड़वाहट को भूलो और आगे बढ़ो। नेहरू जैसे लोग उसी भारत के निर्माता कहे जा सकते हैं जिसमें हिंदू विनाश को शासन की नीति का प्रमुख अंग बनाया गया। राष्ट्र निर्माता नेहरू की इस प्रकार की नीति का परिणाम यह हुआ कि अतीत की कड़वाहट के नाम पर हमने अतीत के सुंदर रमणीक स्थलों को भी भुला दिया। जिन व्यक्तित्वों पर हमें गर्व होना चाहिए था उन पर हमें शर्म आने लगी। जिस मधुरस को पीकर हमें आनंद की अनुभूति होती, उसे हमने विष समझकर फेंक दिया। सचमुच देश के संदर्भ में इससे बड़ी नादानी और कोई नहीं हो सकती। फलस्वरूप जिन लोगों को अपने पूर्वजों द्वारा किए गए अप्रत्याशित अत्याचारों को लेकर वास्तव में शर्म आनी चाहिए थी वह अपने नायकों को इतिहास नायक के रूप में स्थापित कराने में सफल हो गए। शर्म तो नहीं शर्मायी पर गर्व को चार जूते मारकर कैद में डाल दिया गया।

यह कितना दुर्भाग्यपूर्ण तथ्य है कि जिस अफगानिस्तान में कभी 25% आबादी हिंदुओं और सिखों की हुआ करती थी वह बड़ी तेजी से समाप्त कर दी गई है। 1992 में तख्तापलट के समय तक काबुल में कभी 2 लाख 20 हजार हिंदू और सिख परिवार थे। अब 200 के लगभग रह गए हैं। यह भी एक दुर्भाग्यपूर्ण तथ्य है कि अफगानिस्तान में अब लगभग 1350 हिन्दू परिवार ही बचे हैं। जानकारों का कहना है कि कभी ये पूरे अफगानिस्तान में फैले हुए थे लेकिन अब बस नांगरहार, गजनी और काबुल के आसपास ही बचे हैं और वहां से सुरक्षित जगह निकलने का प्रयास कर रहे हैं। अफगान सरकार, यूएनओ और विश्व समुदाय ने कभी इन्हें बचाने या इन अफगानी हिन्दू या सिखों के अधिकार की बात कभी नहीं की। जिसके चलते इनका अस्तित्व लगभग समाप्त होने के कगार पर ही है। आज जो अफगानी मुस्लिम हैं वे कभी हिन्दू, सिख या बौद्ध ही हुआ करते थे।

पाकिस्तान और अफगानिस्तान के इतिहास पर यदि दृष्टिपात किया जाए तो जिस प्रकार इन दोनों देशों में हिंदू का विनाश किया गया उसकी कहानी बड़ी दर्द भरी है।

धर्मनिरपेक्ष हिंदू को इस दर्दभरी दास्तान से शिक्षा लेनी चाहिए। यदि यह आज भी इतिहास को अतीत की घटनाओं का लेखा मात्र मानकर चलता रहा तो इसका अस्तित्व ही समाप्त हो जाएगा। अपने अस्तित्व के लिए तो सृष्टि में हर प्राणी संघर्ष करता है, परंतु हिंदू के साथ यह दुर्भाग्य है कि वह अपने अस्तित्व के लिए भी संघर्ष करने की अपनी परंपरागत नीति–रणनीति को छोड़ता जा रहा है।

धर्मनिरपेक्ष हिंदू की सोच को देखकर लगता है कि वह अपने अस्तित्व के प्रति पूर्णतया लापरवाह है।

प्रधानमंत्री नरेंद्र मोदी चुपचाप इन षड़यंत्रों से लड़ रहे हैं, परंतु धर्मनिरपेक्ष हिंदू ही शोर मचा रहा है कि मेरा आरक्षण लुट गया, मेरी रोटी लुट गई, मेरा रोजगार लुट गया ? यह शोर वास्तव में कम्युनिस्टों, कांग्रेसियों और धर्मनिरपेक्ष राजनीतिक दलों की ओर से मचाया जा रहा है। जो सत्ता के लिए लालायित हैं और जिन्हें हिंदू अस्तित्व से कोई लेना-देना नहीं है। वास्तव में नरेंद्र मोदी जी के रहते यह ऐसा समय है जब कांग्रेस और कम्युनिस्ट दोनों ही अपने अस्तित्व के लिए लड़ाई लड़ रहे हैं। अस्तित्व की इस लड़ाई में वह स्तरहीन बातों तक उतर आए हैं। उनकी झुंझलाहट और बौखलाहट को हिंदू को समझना होगा। जिन लोगों ने हिन्दू अस्तित्व को ताक पर रखकर मुस्लिम तुष्टिकरण करते हुए सत्ता का खेल खेला है उनके मुंह सत्ता का लहू लगा रहा है। अब वह सत्ता पाने के लिए बेचैन हैं तो वह जितने झूठे आरोप मोदी की सोच और नेतृत्व पर लगा सकते हैं, लगाने का प्रयास करते हैं। उनका साथ जब धर्मनिरपेक्ष हिन्दू देता है तो कष्ट होता है।

अध्याय - 4

सरकारों का आपराधिक मौन

हिंदू की यह विशेषता है कि यह उन बातों को शीघ्रता से ग्रहण कर लेता है जो देश, काल व परिस्थिति के अनुसार बहुत अनिवार्य हो गई होती हैं। जैसे जनसंख्या विस्फोट के बारे में जब सरकार और मीडिया की ओर से यह प्रचार प्रसार किया गया कि यदि हम बढ़ती जनसंख्या को रोक नहीं पाए तो भारत में जनसंख्या विस्फोट की स्थिति उत्पन्न हो जाएगी तो इस पर सबसे पहले संवेदनशीलता के साथ हिंदू ने ही ध्यान दिया।

उसने 'परिवार नियोजन' की ओर ध्यान दिया और अपने परिवारों को सीमित करना आरंभ किया। हिंदू ने ऐसा इसलिए भी किया कि वह भारत देश और इस देश के समाज को अपना देश व समाज मानता है। यदि आज किसी असावधानी या प्रमाद के कारण कोई गलती होती है तो भविष्य में देश और समाज को जो उसकी भयंकर परिणतियां झेलनी पड़ेंगी उन्हें भी हिंदू गंभीरता और संवेदनशीलता के साथ अपनी मानता है और उनसे भविष्य का भारत सुरक्षित रहे इसलिए वह आज ही एक गम्भीर नागरिक का कर्तव्य निर्वाह करते हुए उन चीजों को मान लेता है जो देश और समाज के हित में होती हैं।

यद्यपि हिन्दू की देश और समाज के प्रति संवेदनशीलता का दूसरे मजहब वालों ने अनुचित लाभ उठाया है। विशेष रूप से मुसलमानों ने 'परिवार नियोजन' की सरकार की सारी नीतियों की धज्जियां उड़ाईं और उन्होंने जनसंख्या वृद्धि पर अधिक ध्यान दिया। क्योंकि 1947 की 15 अगस्त से ही मुस्लिम समाज के लोग बड़ी संख्या में एक और पाकिस्तान की तैयारी में लग गए थे। विशेष रुप से जो लोग 1947 से पहले 1945 में राष्ट्रीय असेंबली के हुए चुनावों में मुस्लिम लीग को इस उम्मीद से वोट दे गए थे कि वह हमें एक अलग देश बना कर देगी, उन्हें जब अपना मनचाहा पाकिस्तान अर्थात आज का बिहार व उत्तर प्रदेश और बंगाल तक का सारा क्षेत्र प्राप्त नहीं हुआ तो वह मन मसोसकर (बाई च्वॉइस नहीं, यह शब्द तो हिंदू को मूर्ख बनाने के लिए प्रयोग किया जाता है) भारत

में रह तो गए पर उनका लक्ष्य नहीं बदला अर्थात वह एक नए पाकिस्तान की तैयारी में पहले दिन से लग गए। अपने इसी लक्ष्य की प्राप्ति के लिए उन्होंने भारत के इतिहास में हिंदू वैभव और गौरव को स्थापित नहीं होने दिया। भारत की संस्कृति व भाषा सबको मारने का प्रयास किया गया और एक गंगा जमुनी तहजीब के नाम पर बेतुकी संस्कृति को लादकर धर्मनिरपेक्ष बने हिंदू को उसके बोझ के तले मारने का हर संभव प्रबंध किया गया।

वास्तव में इन लोगों का लक्ष्य किसी भी प्रकार से भारतवर्ष में हिंदुओं को कम करना था। उसका एक ही उपाय था कि ये भारत में रहकर अपनी जनसंख्या बढ़ाएं। इतिहास इस बात का साक्षी है कि मुसलमानों ने हर देश का विनाश करने से पहले अपनी जनसंख्या बढ़ाने पर विशेष ध्यान दिया है। वास्तव में किसी भी देश व समाज पर मुस्लिम लोगों का अपनी जनसंख्या वृद्धि करने का यह एक मौन आक्रमण होता है। जिसे वहां का समाज समझ नहीं पाता और जब तक समझता है तब तक बहुत अधिक देर हो चुकी होती है। अपनी इसी मौन आक्रमण की नीति को अपनाकर भारतवर्ष में मुसलमान 1947 से ही जनसंख्या वृद्धि करने पर लग गए। ऐसा नहीं था कि भारत की सरकारों को मुस्लिमों की इस प्रवृत्ति की जानकारी नहीं थी, उन्हें सब कुछ पता था। लेकिन वोट की राजनीति के सामने वह भी लाचार होकर खड़ी हो गईं। देश पर कैसे शासन किया जाए और उसे कैसे कब्जे में रखा जाए – उन सरकारों के मुखियाओं का ध्यान केवल इस बात पर केंद्रित था। उधर हिंदू को सरकार ने जनसंख्या नियंत्रण के लिए परिवार नियोजन का झुँझुना पकड़ा दिया। जिसे उसने स्वीकार कर लिया। आज यही संवेदनशीलता वश पकड़ा गया झुँझुना हिंदू के लिए अस्तित्व का संकट बनकर मंडरा रहा है।

हिंदू के दृष्टिकोण में देश व समाज की बात रहती है। यह उसकी एक अच्छी बात हो सकती है। यह इसलिए भी रहती है कि वह इस देश को अपना देश मानता है और इस समाज को अपना समाज मानता है। वह देश और समाज की गति में बाधक नहीं बनना चाहता, अपितु उसे और गतिशील बनाने के लिए अपनी ओर से सहयोग देना चाहता है। इसका कारण यह है कि हिंदू वैदिक काल से देश और समाज की परिभाषा को जानता है। वह यह भी जानता है कि किसी देश या समाज के सभ्य नागरिक बनने की कसौटी क्या है? यह हिंदू का वैदिक संस्कृति प्रदत्त मौलिक संस्कार है। जिसे अपनाये रखने के कारण ही वह आर्य है, वैदिक संस्कारों से युक्त एक सभ्य प्राणी है, मानवतावादी सोच रखने वाला है। हिंदू समाज के इन आर्य संस्कारों का सरकारों की ओर से सम्मान होना चाहिए था। देश के अच्छे नागरिकों के लिए यह आवश्यक भी होता है कि वह सरकार की व्यवस्था में सहायक बनें। सरकार ने हिंदू के इस प्रकार के संस्कार का सम्मान न करके हिंदू संस्कारों की उपेक्षा करके उन मूर्खतापूर्ण संस्कारों को भारत पर लादने का प्रयास किया जो संस्कार

कहे ही नहीं जा सकते थे। इसका एक उदाहरण है, भारत में गंगा-जमुनी संस्कृति की मूर्खतापूर्ण बात करना।

क्या संसार का कोई ऐसा वैज्ञानिक यंत्र है जो यह कह सकता हो कि दूध और छाछ का भी कोई मेल हो सकता है? क्योंकि वैज्ञानिक सच यही है कि ये दोनों कभी मिल कर नहीं रह सकते। स्वाधीनता के पश्चात बनी सरकारों को इस बात को समझना चाहिए था। जो मजहब या रिलीजन इस देश को अपना नहीं मानता, वह सरकार की नीतियों में 1947 से अड़ंगा डालता आ रहा है। वह 'निजी कानून' की बात करता है। जिस पर हमको समझना चाहिए कि जो मजहब निजी कानून की बात करता है, उसका इस देश के संविधान, देश की लोकतांत्रिक व्यवस्था और इस देश की विधि व्यवस्था में कोई विश्वास नहीं है। सरकारी स्तर पर इस बात को जानकर भी खतरे की ओर से आंखें मूंदी गईं।

यही कारण रहा कि खतरा बढ़ता गया। 'कबूतर' आंख बंद किए बैठे रहे और बिल्ली झपट्टा मार-मारकर उन्हें चट करती रही। सरकारें खतरे को नहीं भगा सके और देश के बहुसंख्यक समाज की शत्रु बनकर काम करती रहीं। इस कारण भी देश में हिंदू जनसंख्या कम हुई। इस प्रकार हिंदू की निम्न जन्म दर और मुस्लिम लोगों की ऊंची जन्म दर के साथ-साथ हिंदुओं का बड़ी संख्या में धर्मांतरण के माध्यम से शिकार करने की दूसरे मजहब वालों को खुली छूट मिलना देश की कानून व्यवस्था, देश के संविधान, देश की राजनीति और देश के राजनीतिज्ञों की वह कमजोरी रही जिसके कारण आज हिंदू अपने अस्तित्व के लिए जूझ रहा है।

एक सर्वेक्षण के अनुसार 1951 की जनगणना में हिंदुओं की जनसंख्या 84.1% और मुस्लिमों की 9.8%, 1961 में हिंदुओं की 83.4 % तो मुस्लिमों की 10.4%, 1971 में हिंदू आबादी 82.7% और मुस्लिमों की 11.2%, 1981 में हिंदू जनसंख्या 82.6% तो मुस्लिमों की 11.4%, 1991 में हिंदुओं की जनसंख्या में 81.6% और मुस्लिमों की 12.6%, 2001 में हिंदुओं की जनसंख्या 80.5% तो मुस्लिमों की जनसंख्या 13.4% और अब 2011 की जनगणना के अनुसार हिंदुओं की आबादी 79.8% है तो मुस्लिमों की जनसंख्या बढ़कर भारत की कुल जनसंख्या की 14.23% हो गयी है।

इन आंकड़ों से हमें पता चलता है कि 1951 की अपेक्षा 2011 में हिंदू की जनसंख्या में 5% की गिरावट देखी गई ,जबकि मुसलमान जहां 1951 में भारत की कुल जनसंख्या का 9.8 प्रतिशत था वहीं वह 2011 में आकर 14.2 3% हो गया अर्थात उसकी जनसंख्या में लगभग 4.43 प्रतिशत की वृद्धि देखी गई।

विभाजन से पहले भारत में कुल 66 प्रतिशत हिन्दू थे। उस समय के मुसलमानों को यह रास नहीं आ रहा था कि स्वाधीनता की प्राप्ति के पश्चात 66 प्रतिशत हिंदू उन पर शासन

करेंगे। वे लोग भारत को 'मादरे वतन' नहीं मानते थे, इसलिए उन्होंने 'भारत के टुकड़े कर जितना हिस्सा मिल जाए, उतना बढ़िया' – के सिद्धांत पर कार्य करते हुए अलग देश लेने की ठान ली। जिसे ब्रिटिश सरकार का पूर्ण सहयोग व समर्थन प्राप्त हुआ और कांग्रेस इस पर शीघ्र ही सहमत हो गई। भारत को अपना 'मादरे वतन' न मानने का ही एक कारण था कि भारत के 93% मुसलमानों ने पाकिस्तान के पक्ष में वोट देते हुए जिन्नाह और मुस्लिम लीग का समर्थन किया था। अपनी 30–32% की जनसंख्या पर ही अर्थात भारत के तत्कालीन हिंदुओं की कुल जनसंख्या के आधे से भी कम लोगों ने ब्रिटिश शासकों की सहायता से अलग देश लेने को अपने लिए 'स्वर्णिम अवसर' माना। उन्हें पाकिस्तान बड़े आराम से मिल गया था। जिससे भारतवर्ष के भीतर रह गए उन अलगाववादी मुसलमानों का मनोबल टूटा नहीं बल्कि बढ़ गया, जिन्होंने उस समय पाकिस्तान के पक्ष में अपना मत देकर अलग देश की मांग की थी। भारत में रहने के अपने 'दुर्भाग्य' को उन्होंने 'सौभाग्य' में परिवर्तित करने के लिए हिंदुओं की फसल को काटना, उजाड़ना और कम करना अपनी योजना का एक हिस्सा बनाया और उस पर षडयंत्रपूर्वक कार्य किया जाने लगा। इसमें नए देश के रूप में स्थापित हुए पाकिस्तान ने और बाद में 'भारत की कृपा' से बने बांग्लादेश ने भी भारत के अलगाववादी मुसलमानों को अपना सहयोग और समर्थन देना आरंभ किया। इसलिए इस भूल में नहीं रहना चाहिए कि उनकी अलगाववादी प्रवृत्ति अब शांत हो गई होगी। पाकिस्तान के बड़े आराम से मिल जाने से तो उनकी यह प्रवृत्ति और भी अधिक भड़क गई है – इस बात पर चिंतन करना चाहिए। सरकारों को भी मुसलमानों की अलगाववादी प्रवृत्ति के संदर्भ में इसी तथ्य को दृष्टिगत रखते हुए अपनी नीतियां निर्धारित करनी चाहिए।

भारतवर्ष में 2011 में हुई जनगणना के अनुसार हिंदुओं की जनसंख्या वृद्धि दर 16.76 प्रतिशत रही जबकि 10 वर्ष पहले हुई जनगणना में ये दर 19.92 प्रतिशत थी। हिंदुओं की जनसंख्या में आई इस गिरावट के पीछे उपरोक्त वर्णित वही कारण हैं कि हिंदू तो अपनी उस संवेदनशीलता को दिखाने में लग गया कि मैं परिवार नियोजन अपना लूंगा और मुसलमान ने न तो परिवार नियोजन को अपनाया और न ही हिंदुओं का धर्मांतरण कराने की अपनी प्रवृत्ति को त्यागा। जनगणना के धर्म आधारित आंकड़ों पर यदि विचार किया जाए तो पता चलता है कि 2001 से 2011 के बीच हिंदू जनसंख्या 16.76 % की गति से और मुस्लिम जनसंख्या 24.6 % की गति से बढ़ी। इससे पिछले दशक में हिंदुओं की जनसंख्या 19.92 % की तेजी से और मुस्लिमों की जनसंख्या 29.52 % की गति से बढ़ी थी।

इन आंकड़ों से यह स्पष्ट हो जाता है कि भारतवर्ष में मुस्लिमों की अपेक्षा हिंदुओं की

जनसंख्या की वृद्धि दर कम होती जा रही है। हमें हिंदू के विषय में इस बात पर भी ध्यान रखना चाहिए कि यह स्वभावत: शांतिप्रिय होने के कारण अपने रोजगार और सुरक्षित भविष्य पर अधिक ध्यान देता है। यह शांति की खोज में आध्यात्मिक रूप से तो रहता ही है, सामाजिक रूप से भी यह उन क्षेत्रों को और उन स्थानों को चुनने का प्रयास करता है जहां पर शांतिपूर्ण परिवेश में अपना जीवन यापन कर सके और अपने बच्चों के भविष्य को भी सुरक्षित देख सके। इसके विपरीत मुसलमान ऐसे स्थानों को चुनते हैं जहां पर वे एक साथ इकट्ठे होकर हिंदुओं की संपत्ति पर अवैध कब्जा कर सकें या उन्हें किसी भी प्रकार से कमजोर करके अपने लिए सामाजिक और धार्मिक लाभ अर्जित कर सकें।

किसी भी मोहल्ले में यदि 20 घर रहते हैं और यदि उनमें कुछ समय बाद एक मुस्लिम परिवार आ जाए तो वह अगले 20-25 वर्ष में 5 से 7 घर कम से कम पैदा कर देता है। वे 4 -5 घर अगले 20 वर्ष में इसी गुणात्मक परिवर्तन से उस सारे मोहल्ले पर अपना कब्जा कर लेते हैं। अभी पिछले दिनों दिल्ली के मंगोलपुरी में जिस प्रकार एक युवक को मुस्लिमों ने उसके घर पर चढ़कर मारा था उसके पीछे इसी प्रकार का जनसांख्यिकीय गुणात्मक परिवर्तन ही काम कर रहा था। जब हम वहां गए थे तो हमको बताया गया था कि यहां पर अभियुक्त मुसलमानों का एक ही परिवार 20-25 वर्ष पहले आया था। उस एक मुस्लिम के 5-6 बेटे थे और उनके अब 20-25 लड़के ऐसे हो गए हैं जिन्होंने पूरे मोहल्ले में आतंक मचा दिया।

मंगोलपुरी जैसी घटनाओं को देखकर हिंदू सशंकित, आशंकित, भयभीत और इस दुविधापूर्ण दुख में रहता है कि वह अपने ही घर अर्थात भारतवर्ष को छोड़कर भी कहां जाएगा? मुस्लिम समाज एक शत्रु के रूप में उसके गले को दबाता जा रहा है और उसकी धन संपत्ति पर ही नहीं बल्कि उसके सम्मान अर्थात बहू-बेटियों पर भी कुदृष्टि लगाए हुए है।

दूसरे अल्पसंख्यकों में ईसाई धर्म की जनसंख्या का प्रतिशत 2.3 और सिख धर्म की जनसंख्या का प्रतिशत 2.16 % है। ईसाई भी भारतवर्ष के ईसाईकरण की प्रक्रिया में किस तेजी से और किस षड़यंत्रपूर्ण उद्देश्य से लगा हुआ है इस पर हम कभी अलग से अपना आलेख प्रस्तुत करेंगे।

मुस्लिमों में जन्म दर अनुपात हिंदुओं की अपेक्षा अधिक रहा है। यह बात भी ध्यान रखने योग्य है कि मुस्लिमों में 2001 में 1,000 पुरुषों के मुकाबले 936 महिलाएं थीं जो बढ़कर 951 हो गई हैं। वहीं हिंदुओं में 2001 में 1,000 के मुकाबले 931 महिलाएं थीं जिसमें थोड़ा सा सुधार हुआ है और अब यह 939 है।

भारतवर्ष के कानून के अनुसार आज भी हिंदू के भीतर ही सिक्ख को भी सम्मिलित किया जाता है। परंतु उसे हर स्थान पर हिंदू से अलग दिखाने का षड़यंत्र रचा जाता रहा

है। उसका कारण भी यही है कि देश में हिंदू शक्ति को कमजोर किया जाए। इसी उद्देश्य की प्राप्ति के लिए पंजाब में सिख आंदोलन चलवाया गया। आज भी रह रहकर उस आंदोलन को पुनर्जीवित करने के प्रयास किए जा रहे हैं। देश में चल रहे तथाकथित किसान आंदोलन में भी हमें वही चेहरे दिखाई दे रहे हैं जो राष्ट्र विरोधी हैं। उन राष्ट्र विरोधी चेहरों में सबसे सामने सिखों को ही बैठाया जाता है। इसके पीछे के षड़यंत्र को भी समझने की आवश्यकता है। इसका कारण केवल यह है कि सिखों को यदि कैमरों के सामने रखेंगे तो अंतरराष्ट्रीय स्तर पर सिख आंदोलन को पुनर्जीवित करने के प्रयासों को गति दी जा सकेगी और हिन्दू शक्ति को एक प्रमुख चुनौती प्रस्तुत की जा सकेगी।

भारतवर्ष में बहुसंख्यक हिंदू समाज के प्रति सरकारों की उपेक्षापूर्ण नीति के चलते हिंदू अस्तित्व के लिए न केवल भारत में बल्कि भारत से बाहर भी संकट उपस्थित हुआ है। मॉरीशस में जहाँ हिन्दुओं की जनसंख्या 56% थी, वहीं पिछले कुछ दशकों में ये जनसंख्या घटकर मात्र 48% ही रह गयी है। जो एक बड़ी समस्या का संकेत है। यदि हिंदू जनसंख्या में गिरावट की यही स्थिति आगे भी बनी रही तो वह दिन दूर नहीं जब मॉरीशस से भी हिंदू के समाप्त होने का समाचार आ जाएगा।

हिंदू राष्ट्र के रूप में मान्यता प्राप्त रहा नेपाल भी हिंदू विरोधी शक्तियों के निशाने पर रहा है। वहां पर भी ऐसी व्यवस्था कर दी गई है कि अब उसे भी धर्मनिरपेक्ष राष्ट्र बना दिया गया है अर्थात अब वह हिंदू विरोधी राष्ट्र बन गया है। धर्मनिरपेक्षता का अर्थ ही यह है कि हिंदू विरोध करो और अधिक से अधिक अंक प्राप्त करते जाओ। नेपाल में 1952 में हिंदुओं की संख्या 89% थी वहीं 2011 की जनगणना के आधार पर हिंदुओं की संख्या घटकर 81% रह गयी है। हिंदू विरोधी शक्तियां इस जनसंख्या को भी कम करने के अपने कुचक्र में लगी हुई हैं। वर्तमान में नेपाल भारत के सर्वथा विपरीत जाकर चीन की गोद में जा बैठा है। अब वह एक कम्युनिस्ट देश बनता जा रहा है और कम्युनिस्ट का अर्थ होता है जन्मजात हिंदू का विरोधी होना।

फिजी में 1972 में हिंदुओं की संख्या 40% थी, वहीं 2012 में यह संख्या घटकर 32% रह गयी है।

इस प्रकार के तथ्यों से और आंकड़ों से पता चलता है कि हिंदू अस्तित्व के लिए न केवल भारत में बल्कि भारत से बाहर भी संकट गहरे से गहरा होता जा रहा है।

भारत में हिंदू अस्तित्व को लेकर सरकारें मौन साधे रही हैं। इसके लिए केवल सरकारों को दोष देना भी उचित नहीं होगा। सच्चाई यह है कि हिंदू कभी भी अपना राजनीतिक ध्रुवीकरण नहीं कर पाता। यह जातियों की जूतियां में दाल बांट रहा है और शत्रु अपना काम कर रहा है। सरकारों में बैठे लोग इसकी जूतियों की दाल को पी-पीकर सत्ता का स्वाद

ले रहे हैं। देश के राजनीतिक लोग अपने–अपने स्वार्थ के लिए जातिवाद को बढ़ावा देते हैं। जिसका लाभ हिंदू विरोधी और राष्ट्र विरोधी शक्तियों को मिलता है। हिन्दू एक होकर कार्य करना उचित नहीं मानता और यही इसका सबसे बड़ा दुर्भाग्य है। यदि हिंदू अपने सोलह संस्कारों के साथ अपना 17वां संस्कार राजनीतिक रूप से अपना ध्रुवीकरण करने को अपना ले तो कोई बात बने।

अध्याय - 5

बंगाल में 'हिंदू अस्तित्व' और राष्ट्रवादी शक्तियां

आज भारत में भी हिंदुओं के लिए अपने अस्तित्व को बचाए रखना एक बड़ी समस्या बन चुकी है। भारतवर्ष के भीतर जहां–जहां मुस्लिम बहुल क्षेत्र हैं, वहाँ वहाँ हिंदू अपने अस्तित्व को बचाने के लिए मुगलिया काल से भी अधिक दयनीय स्थिति में जी रहा है। जिस पर इस समय एक गंभीर सर्वेक्षण की आवश्यकता है। यदि ऐसा गंभीर सर्वेक्षण करा लिया जाता है तो स्थिति की भयावहता को सारा देश देख सकता है, परंतु हमें लगता नहीं कि वर्तमान में ऐसा संभव हो पाएगा।

जिस आर्य धर्मी हिंदू का कभी समस्त भूमंडल पर शासन हुआ करता था वह आज सिमटते–सिमटते विश्व के एक कोने में अर्थात भारत में शेष (या अवशेष) रह गया है और यहाँ पर भी बहुत बड़ी संख्या में ऐसे धर्मनिरपेक्ष हिंदू हैं जो अपनी मृत्यु की अपने आप ही प्रतीक्षा कर रहे हैं। इस्लाम और ईसाइयत के द्वारा अपने ऊपर होने वाले दीर्घकालिक अत्याचारों को यह धर्मनिरपेक्ष हिंदू आज भी सत्य मानने को तैयार नहीं है। उन्हें यह बीते दिनों की बात कहकर नकार देना चाहता है तो वर्तमान में यदि कहीं कुछ भी हिंदू के साथ अत्याचार जैसी चीज हो रही है तो उसे भी यह धर्मनिरपेक्ष हिंदू बहुत हल्के में ले रहा है। इसके सामने ही मेवात में हिंदुओं के 100 से अधिक गांव हिंदूविहीन कर दिए गए, परंतु यही धर्मनिरपेक्ष हिंदू उधर से आंखें बंद कर लेता है। कश्मीर में जो कुछ इसके सामने हुआ है, उसे भी यह मानने को तैयार नहीं है। केरल और पश्चिम बंगाल सहित देश के अन्य कई मुस्लिम बहुल क्षेत्रों में हिंदुओं के साथ जो कुछ भी हो रहा है उसे भी यह देखकर अनदेखा कर रहा है। 'देखकर भी अनदेखा' करने की यही लापरवाही धर्मनिरपेक्ष हिंदू की वह फांस बन चुकी है जो इसे उलझाकर मारने की तैयारी कर रही है और उसमें यह स्वयं उलझता जा रहा है।

अपनी मूर्खताओं के चलते धर्मनिरपेक्ष हिंदू वेद–वेदांग, उपनिषद, स्मृतियां, रामायण, महाभारत उपनिषद् आदि सभी आर्ष ग्रन्थों को ग्वालों अर्थात बहुत ही निम्नतम श्रेणी के लोगों के गीत मानकर उपेक्षित करता है, जबकि पश्चिम, जो भारत की प्राचीन वैदिक संस्कृति के सामने कहीं नहीं टिकता उसकी नकल करने को यह आधुनिकता मानता है। अपनी जड़ों को सींचना यह 'भगवा की मूर्खतापूर्ण उपासना' मानता है और दूसरों की फलक की उपासना को यह बहुत महत्त्वपूर्ण मानता है।

विचारधाराओं के नाम पर यह उस विष को पीना चाहता है जिसमें इसे बताया जाता है कि भारत एक हिंदू बहुल देश है और हिंदू धर्म की स्थापना इसी देश में हुई थी।

नकली विचारधाराओं का दीवाना बना यह धर्मनिरपेक्ष हिंदू ऐसा मानने वाले लोगों को यह भी नहीं बता सकता कि भारत हिंदू बहुल देश नहीं है अपितु कभी संपूर्ण भूमंडल हिंदू अर्थात आर्यों के अधीन हुआ करता था और उन्हीं की शासन व्यवस्था के अंतर्गत शासित होता था। इसलिए हम भारतवर्ष में अवशेष मात्र नहीं हैं बल्कि संपूर्ण मंडल के स्वामी हैं और वेद की उस आज्ञा के अनुसार संपूर्ण भूमंडल पर आर्यों का फिर से शासन स्थापित करने के लिए प्रयासरत हैं जिसमें कहा गया है कि मैं यह भूमि आर्यों को देता हूं। ये सेकुलर नाम का कीड़ा बना हिंदू यह डिंडिम घोष नहीं कर सकता कि यदि इस्लाम दुनिया को अपने झंडे के तले लाने के लिए 56 देश खड़े कर सकता है और ईसाइयत भी इसी प्रकार दर्जनों देश खड़े कर सकती है तो भारत को तो यह नैसर्गिक अधिकार प्राप्त है कि वह भी संपूर्ण भूमण्डल पर अपना अर्थात आर्यों का शासन स्थापित करने के लिए उठ खड़ा हो।

हमें यह ध्यान रखना चाहिए कि यदि आज संसार में कुछ देश ईसाई और कुछ मुस्लिम दिखाई देते हैं तो यह सारे के सारे देश हिंदुओं के राज्यक्षेत्रों को तोड़–तोड़ कर या छीन-छीनकर बलात मुस्लिम या ईसाई बनाए गए देश हैं। यह धर्मनिरपेक्ष हिंदू ऐसी मान्यता रखने वाले तथाकथित विद्वानों से यह भी नहीं कह सकता कि भारतवर्ष में या संसार के किसी भी देश में कभी हिंदू धर्म की स्थापना नहीं हुई, बल्कि यह भारतवर्ष के प्राचीन वैदिक आर्य धर्म का स्वाभाविक उत्तराधिकारी है, जो आज अपनी कई कमजोरियों के कारण संसार में बहुत पिछड़ गया है।

वास्तव में भारत को अपने पूर्वजों की उस 'सद्गुण विकृति' पर प्रायश्चित करना चाहिए था जिसके अंतर्गत उन्होंने समय-समय पर विदेशी मतावलंबियों को या तो अपने यहां पर टिकने और विकास करने के अवसर उपलब्ध कराए या फिर उनसे कभी किसी युद्ध क्षेत्र में हार मानकर अपना धर्मांतरण किया, या जो अपच की बीमारी का शिकार होकर दूसरे मतावलंबियों द्वारा हमारे वैदिक धर्मी जनों को जबरन मुसलमान या ईसाई बना लेने के

पश्चात जब उन मुसलमान और ईसाई बने लोगों ने घर वापसी की तो यह लोग उसे पचा नहीं पाए। सेकुलर नाम का कीड़ा चाहे इन चीजों पर प्रायश्चित करे या न करे, पर जो लोग आज 'हिंदू अस्तित्व' को लेकर चिंता में हैं, उन्हें हिंदू की मानसिकता में परिवर्तन लाने के लिए भी संघर्ष करना चाहिए। उन्हें समझना चाहिए कि आज सेकुलर नाम के कीड़ा ने अपनी संख्या बढ़ाते हुए कितने हिंदुओं को गाय का मांस खाना सिखा दिया है? जो हिंदू मांसाहारी हो जाता है, उसे समझो वह विचारों से आर्यत्व या हिंदुत्व से दूर और इस्लाम या ईसाइयत के नजदीक चला जाता है।

हमें यह भी ध्यान रखना चाहिए कि हिंदू अस्तित्व को मिटाने के लिए ही आयुर्वेद के स्थान पर एलोपैथी को भारत पर थोपा गया है। इसी उद्देश्य की प्राप्ति के लिए संस्कृत को मृत भाषा घोषित किया गया है और हिंदी को गांव देहातियों की भाषा बताकर उपेक्षित करने की प्रवृत्ति पहले दिन से अपनाई गई है। इन दोनों भाषाओं के स्थान पर उर्दू मिश्रित 'हिंदुस्तानी' को हम पर थोपने का प्रयास किया गया है। जिसे 'हिंग्लिश' के नाम से पुकारा जाता है। इस भाषा की कोई व्याकरण नहीं, कोई इसका वैज्ञानिक आधार नहीं, लेकिन इसका प्रचलन इस कदर बढ़ चुका है कि हर स्थान पर यही भाषा बोलचाल में प्रचलित हुई देखी जाती है। इस 'हिंग्लिश' भाषा ने भारत के इतिहास, संस्कृति और परंपराओं को मिटाने का हर संभव प्रयास किया है और भारत में बड़ी तेजी से 'भारत' को मिटाकर 'इंडिया' को खड़ा करने का काम किया है। जिस पर आज चिंतन करने की आवश्यकता है। 'इंडिया' को खड़ा करने वाले हाथों को तोड़कर और भारत को बसाने वाले लोगों को अपने साथ जोड़कर इस समय सचमुच एक 'महाभियान' चलाने की आवश्यकता है। जिसे राष्ट्रवादी शक्तियों को समझना ही होगा।

भारत के लोग 'गीता' के 'निष्काम कर्मयोग' को आज भी अपना आदर्श मानते हैं। यदि 'निष्काम कर्म' पर विचार किया जाए तो श्री अरविंद कहते हैं कि गीता मानव को मानव धर्म (नित्य प्रति के जीवन में होने वाले सामान्य कर्तव्य कर्म) के लिए नहीं 'दिव्य कर्म' के लिए प्रेरित करती है। यदि इस बात पर विचार किया जाए कि दिव्य कर्म क्या है? तो हमें ध्यान रखना चाहिए कि इस विश्व का नियंत्रण मनुष्य नहीं कर रहा, भगवान कर रहा है। कोई दैवीय शक्ति कर रही है। उस दिव्य शक्ति का विश्व के संचालन में जो उद्देश्य है उस उद्देश्य के साथ एकतानता उत्पन्न कर लेना, उस उद्देश को पूर्ण करने में अपनी शक्ति लगा देना ही 'दिव्य कर्म' है। दिव्य उद्देश्य को पूर्ण करने वाला दिव्य कर्म है और जब मनुष्य दिव्य कर्म करने लगता है तब वह स्वयं कर्म नहीं कर रहा होता है, मनुष्य को माध्यम बनाकर भगवान ही कर्म कर रहा होता है। मनुष्य तो निमित्त मात्र रह जाता है।

राष्ट्र के संदर्भ में हमारा यह 'दिव्य कर्म' सरकार की उन सभी नीतियों के साथ एकतानता उत्पन्न कर लेना है जो राष्ट्रवादी विचारों को और राष्ट्रवादी चिंतन को मजबूत करती हैं या जो राष्ट्रवादी लोगों को किसी न किसी प्रकार से ऊर्जावान रखने में सक्षम हैं। यही हमारी राज्य व्यवस्था का राजधर्म या राष्ट्रधर्म है और यही हमारा सबका सामूहिक राष्ट्रीय दायित्व है। यही हमारा राष्ट्रवाद है और यही हमारा समाजवाद है। हमारा राष्ट्र धर्म, हमारा राष्ट्रवाद और हमारा समाजवाद – ये सारे एक ही दिशा में मिलकर काम करते हैं एकतानता उत्पन्न करते हैं। इस एकतानता के साथ महारास रचाना हमारी वह सामूहिक चेतना है जिसे भारतीयता या भारतीय संस्कृति कहते हैं। जो हमारी एकतानता या सामूहिक चेतना का विरोधी है अर्थात जो हमारे राष्ट्रधर्म हमारे राष्ट्रवाद और समाजवाद में किसी प्रकार से बाधा उत्पन्न करता है वही व्यक्ति राष्ट्रद्रोही है। इसलिए पश्चिम बंगाल में जो लोग बांग्लादेशियों का स्वागत कर रहे हैं और भारत के जनसांख्यिकीय आंकड़ों को गड़बड़ाकर यहां पर किसी नए देश की तैयारी कर रहे हैं , वे सारे के सारे राष्ट्रद्रोही हैं। उन राष्ट्रद्रोहियों को अपना राजनीतिक संरक्षण देने वाले वे सारे राजनीतिक दल भी राष्ट्रद्रोही हैं जो किसी भी प्रकार से ऐसी गतिविधियों को प्रोत्साहित करते हैं। मेरे द्वारा ऐसा लिखने पर यदि कोई मुझे 'गोदी मीडिया' कहता है तो इसे मैं अपने लिए फूल समझकर स्वीकार कर लूंगा।

सेकुलर नाम के कीड़े की उपेक्षा करके हम सबको सरकार के मजबूत इरादों को झलकाने वाले कार्यों के साथ खड़े रहना चाहिए। यह नहीं देखना चाहिए कि कितने कीड़े सेकुलर के नाम पर और कितने कीड़े किसी राजनीतिक दल के नाम पर आकर शोर मचा कर 'अपना काम' करने में सक्षम हो रहे हैं? हमें यह ध्यान रखना चाहिए कि इन सेकुलर कीड़ों ने देश की राजनीति को बहुत घटिया स्तर पर लाकर डाल दिया है। अभी पश्चिम बंगाल में जो कुछ हुआ है, उससे अब यह स्पष्ट हो गया है कि कांग्रेस और वामपंथियों ने केवल राष्ट्रवादी शक्तियों को पराजित करने के दृष्टिकोण से चुपचाप अपने वोटों को ममता बनर्जी के लिए खिसकने दिया। जिससे कि उनकी राष्ट्र विरोधी गतिविधियां वहां पर जारी रहें।

हमें यह भी ध्यान रखना चाहिए कि इन लोगों के ऐसे कार्यों से मुसलमानों द्वारा प्रभावित होने वाली 130 सीटें ममता बनर्जी की टीएमसी को प्राप्त हो गईं और अन्य क्षेत्रों में इनके मतों ने ऐसा प्रभाव डाला कि सत्ता से उखड़ चुकी ममता बनर्जी की जड़ें फिर से जम गईं। इसके उपरांत भी नरेंद्र मोदी की भाजपा वहां पर अपनी 77 सीटें प्राप्त करने में सफल हुई। यह बहुत बड़ी बात है। इससे समझिए कि 77 ऐसे चेहरे नरेंद्र मोदी को पश्चिम बंगाल की विधानसभा में प्राप्त हो गए जो अब वहां पर उनके संकेतों पर राष्ट्रवाद के लिए कार्य करेंगे, अर्थात पश्चिम बंगाल को वृहद बांग्लादेश बनाने की ममता बनर्जी और उन

जैसे राष्ट्रविरोधी लोगों की गतिविधियों पर नजर रखने के लिए अब प्रमाणित 77 लोग नरेंद्र मोदी को पश्चिम बंगाल विधानसभा में प्राप्त हो गए। इसके अतिरिक्त बांग्लादेश से जो लोग अवैध रूप से आकर बंगाल में आकर बस रहे थे और हमारे हिंदुओं को उत्पीड़ित कर रहे थे, उनकी आवाज उठाने के लिए भी 77 चेहरे प्राप्त हुए। रही बात इस बड़े लक्ष्य को प्राप्त करने में भारतीय जनता पार्टी के शहीद हुए कार्यकर्ताओं की तो उसके लिए हमें यह समझ लेना चाहिए कि 'बड़े लक्ष्य' को प्राप्त करने के लिए बलिदान तो देने हीं पड़ते हैं। देश के शेष भागों में रह रहे राष्ट्रवादी लोगों को उन शहीदों को किसी पार्टी विशेष का कार्यकर्ता नहीं मानना चाहिए बल्कि उन्हें राष्ट्र के लिए काम करने वाले 'सिपाही' के रूप में अपनी श्रद्धांजलि अर्पित करनी चाहिए।

मैं यह बात इसलिए भी कह रहा हूं कि अब से 8 वर्ष पहले मेरा एक भाषण कोलकाता में रखा गया था, कार्यक्रम स्थल से जब मैं भाषण देकर निकला तो कई युवाओं ने मुझे मेरा कार्ड या हस्ताक्षर आदि लेने के लिए या अपने साथ सेल्फी के लिए घेर लिया। तब मुझे वहां के कार्यक्रम आयोजकों ने यह कहकर वहां से हटाया था कि यहां पर दिन में छुरेबाजी हो जाती है। आप अपने उसी स्थान के लिए चलिए जहां पर आपको ठहराया गया है। तब मुझे पहली बार या लगा था कि वहां पर हिंदू कितना असुरक्षित है?

इसके बाद अभी लगभग ढाई वर्ष पहले हमने वहां पर हिंदू महासभा की एक बैठक आयोजित की थी। जिसके कार्यक्रम स्थल के लिए हमें कोई अनुमति ममता बनर्जी सरकार की ओर से नहीं दी गई थी और यदि बाद में दी भी गई तो यह स्पष्ट कर दिया गया कि आप कोई भी पोस्टरबाजी शहर में कहीं पर भी नहीं करेंगे। मैंने वहां पर अपनी आंखों से यह देखा था कि किसी भी पार्टी के राष्ट्रीय या प्रांतीय नेता का कहीं पोस्टर दिखाई नहीं देता था। तब मेरे पास आकर वहां के कई हिंदू कार्यकर्ता फफक-फफककर रोने लगे थे। वह कहते थे कि हमारी बहन बेटियों को जो मुसलमान हमारे हाथों से छीनकर ले जाते हैं या हमारे आगे उनके साथ बलात्कार करते हैं तो उस समय हमें अपने जीने पर भी लानत आने लगती है। आप कुछ भी करिए लेकिन हमारी बहनों का सम्मान बचाइए। तब उन हिन्दू युवा साथियों को किसी भी प्रकार से ढांढस बंधाने के लिए हमारे पास शब्द नहीं थे।

ऐसे में हमारी स्पष्ट मान्यता है कि हमें दिव्य कर्मों का निष्पादन करते हुए निष्काम कर्म की गीता की भावना के अनुरूप अपने जीवन को ढालकर पीएम श्री नरेंद्र मोदी या किसी भी पार्टी के किसी भी नेता के द्वारा ऐसे कार्यों का सम्मान और अभिनंदन करना चाहिए जिससे देश में 'हिंदू अस्तित्व' को बचाए रखने में सहायता मिलती हो। यह प्रसन्नता का विषय है कि पश्चिम बंगाल की विधानसभा में जब भाजपा की सदस्य संख्या पहले केवल 3 थी, आज वह बढ़कर य 78 हो गयी है। इस पर हम सब को यह समझना चाहिए कि

जागरण हो रहा है और पश्चिमी बंगाल को नया कश्मीर बनने से रोकने में नरेंद्र मोदी को इस समय बड़ी सफलता प्राप्त हुई है।

पश्चिमी बंगाल ने इस चुनाव में निश्चित रूप से एक अंगड़ाई ली है। यह हमें इन तथ्यों से स्पष्ट हो जाएगा कि पश्चिम बंगाल में जहाँ कभी भाजपा का उभरना कभी सर्वथा असम्भव माना जाता था वहाँ 2014 लोकसभा चुनाव में भाजपा को 17 फीसदी वोट के साथ कुल 2 सीटें मिली थीं, लेकिन 2019 में न पार्टी का न केवल वोट प्रतिशत बढ़ा, बल्कि सीटें भी बढ़ गईं। प्रधानमंत्री नरेंद्र मोदी के लिए 2019 में पश्चिम बंगाल की 40.2 फीसद जनता ने वोट किया, जिसके चलते भाजपा को 18 सीटें मिलीं। वहीं, टीएमसी ने 2014 में 34 सीटें प्राप्त की थीं और उसका वोट शेयर 39.7 फीसदी था। लेकिन 2019 में टीएमसी को 12 सीटों का नुकसान हुआ और 22 सीटें मिलीं। यद्यपि उसका वोट शेयर बढ़कर 43.3 फीसदी हो गया। बता दें कि 2016 के विधानसभा चुनाव में टीएमसी ने 211 सीटें जीतीं और उनका वोट शेयर था 44.91 फीसदी था, वहीं बीजेपी के हाथ तीन सीटें लगी थीं और उनका वोट 10.16 फीसदी था।

यह संघर्ष निरंतर जारी रहना चाहिए। बंगाल की जनता के साथ राष्ट्रवादी लोगों को खड़ा होना चाहिए। जिससे उसे दूसरा कश्मीर बनाए जाने से रोका जा सके और अपने अस्तित्व के लिए जूझ रहे 'हिंदू' को एक ऊर्जा सारे देश की ओर से प्राप्त हो सके।

अध्याय - 6

भारतीय मुसलमानों को अल्पसंख्यक किसने माना?

भारत के संविधान में ऐसा कोई प्रावधान नहीं है जो मुसलमानों को अल्पसंख्यक घोषित करता हो, लेकिन राजनीति में 'सेकुलर गैंग' ने इस शब्द को अपने राजनीतिक लाभ के लिए गढ़ लिया है। यद्यपि इतना अवश्य है कि भारत के संविधान की धारा 29 व 30 भारतवर्ष में अल्पसंख्यक शब्द और तदजनित विसंगतियों को हवा अवश्य देती हैं। राजनीतिक दलों ने अपने फायदे के लिए कायदे (अर्थात धर्म, नीति, न्याय, निष्पक्षता जैसे वे सभी गुण जो राजनीति की रीढ़ होते हैं) को भुला दिया।

हमारे संविधान में नीति, न्याय और सामाजिक समरसता को स्थापित करने के लिए सभी संविधान निर्माताओं ने आम सहमति बनाकर इस बात पर बल दिया कि प्रत्येक व्यक्ति को सामाजिक, आर्थिक और राजनीतिक न्याय मिलना सुलभ हो।

किसी वर्ग विशेष की दादागिरी या गुंडागर्दी के चलते कोई भी वर्ग इन तीनों प्रकार के न्यायों से वंचित न रहने पाए। अभी पश्चिम बंगाल में जिस प्रकार एक पार्टी और उसके समर्थक संप्रदाय के लोगों ने एक दूसरे संप्रदाय पर अपनी राजनीतिक गुंडागर्दी और दादागिरी का परिचय दिया है, उसकी कल्पना तक हमारे संविधान निर्माताओं ने नहीं की थी।

देश का कोई भी वर्ग सामाजिक, आर्थिक और राजनीतिक न्याय से वंचित न रहने पाए – यह भावना बहुत ही पवित्र कही जा सकती है। यद्यपि व्यवहार में हमारे राजनीतिज्ञों ने इस भावना को लगभग दुर्भावना में परिवर्तित कर अल्पसंख्यक शब्द को कुछ इस प्रकार व्याख्यायित व परिभाषित किया है जैसे इसका अभिप्राय किसी वर्ग विशेष को विशेष अधिकार देना है। 'सेकुलर गैंग' के प्रधानमंत्री रहे मनमोहन सिंह ने इसी व्याख्या और परिभाषा को और भी अधिक विकृत करते हुए यहां तक कह दिया था कि भारत के आर्थिक संसाधनों पर पहला हक मुसलमानों का है। इस प्रकार के बयानों का अर्थ

किसी वर्ग विशेष को विशेषाधिकार संपन्न करना नहीं है तो और क्या है? इससे देश के बहुसंख्यक या दूसरे वर्गों या संप्रदायों को यह आभास होना स्वाभाविक है कि वे इस देश के दोयम दर्जे के नागरिक हैं। यह एक दुर्भाग्यपूर्ण तथ्य है कि पिछले लगभग 72 वर्षों में हमने धर्मनिरपेक्षता और अल्पसंख्यक जैसे कई शब्दों की परिभाषा ना तो निर्धारित की और ना ही इस दिशा में सोचने का साहस किया।

यद्यपि केंद्र की मोदी सरकार के द्वारा पहली बार सत्ता संभालने के समय यह अवसर आया था जब हम इस दिशा में कुछ ठोस विचार-विमर्श कर सकते थे। ऐसा विचार-विमर्श उस समय स्वाभाविक रूप से देश के लिए बहस का विषय हो सकता था जब अल्पसंख्यक मामलों के मंत्रालय का प्रभार संभालने के तुरंत बाद 2014 में नजमा हेपतुल्ला ने मुसलमानों के अल्पसंख्यक दर्ज़े को लेकर एक बहुत ही सारगर्भित और उचित टिप्पणी करते हुए कहा था कि 'यह मुस्लिम मामलों का मंत्रालय नहीं है, यह अल्पसंख्यक मामलों का मंत्रालय है, मुस्लिम अल्पसंख्यक का नहीं।'

जब संविधान मुसलमानों को अल्पसंख्यक घोषित ही नहीं करता, तब देश के अल्पसंख्यक मंत्रालय को मुस्लिम मंत्रालय समझ लेना संविधान और संविधान की भावना के खिलाफ षड्यंत्र भी है और उसके साथ खिलवाड़ भी है। हमें यह ध्यान रखना चाहिए कि भारत का संविधान अल्पसंख्यक शब्द को परिभाषित नहीं करता। इसके उपरांत भी संविधान की सौगंध ले-लेकर हमने देश में हिंदू बहुसंख्यक बनाम मुस्लिम अल्पसंख्यक का एक ऐसा घृणास्पद परिवेश सृजित कर लिया है जो देश की सामाजिक विसंगतियों को हवा देते–देते दूषित और प्रदूषित करता जा रहा है। इस प्रकार की धारणा अवधारणाओं ने अल्पसंख्यक माने जाने वाले मुसलमानों के एक बड़े वर्ग को देश में सांप्रदायिकता फैलाने और धीरे–धीरे देश विभाजन की परिस्थितियां सृजित करने का अवसर उपलब्ध कराया है। हमारे संविधान ने संख्या की दृष्टि से छोटे समुदाय की विशेषता को अल्पसंख्यक दर्जे के कानूनी आधार के रूप में मान्यता तो प्रदान की है पर इस छोटे समुदाय की संख्या कितनी हो? – यह निर्धारित नहीं किया है।

हमारा मानना है कि सांप्रदायिक आधार पर किसी व्यक्ति को विशेषाधिकार देना और दूसरे के अधिकारों का हनन कर लेना या हनन करके ऐसे विशेषाधिकार देना भी राजनीतिक और सरकारी स्तर पर फैलायी जाने वाली सांप्रदायिकता है। इसी प्रकार किसी जाति विशेष के अधिकारों में कटौती कर किसी जाति विशेष को आरक्षण के आधार पर विशेषाधिकार देना भी सरकारी स्तर पर फैलाया जाने वाला जातिवाद है।

यह कितना अजब खेल है कि राजनीतिक दल और सरकारें अपने स्तर पर खुल्लम-खुल्ला सांप्रदायिकता और जातिवाद फैला रहे हैं और संविधान की आड़ में ऐसा

कर रही हैं, इसके उपरांत भी ना तो देश की न्यायपालिका सक्रिय हो रही है और ना ही देश के तथाकथित बुद्धिजीवी इस प्रकार की सरकारी सांप्रदायिकता और जातिवाद का विरोध कर रहे हैं।

जबकि सरकारी स्तर पर फैलायी जाने वाली इस प्रकार की सांप्रदायिकता और जातिवाद ने देश की सामाजिक स्थिति को बहुत ही अधिक दुर्बल कर दिया है। यदि यह भी कहा जाए कि उसकी जड़ों को खोखला कर दिया है तो भी कोई अतिशयोक्ति न होगी।

सरकारी स्तर पर जातिवाद और सांप्रदायिकता को फैलाने का खुला खेल सपा और बसपा जैसी पार्टियां तो निसंकोच और निडर होकर खेलती रहीं हैं, परंतु उन्हें उन लोगों का समर्थन प्राप्त होता रहा है जो देश में आरक्षण के समर्थक कहे जाते हैं। इसी प्रकार कांग्रेस ने भी बड़ी सावधानी से जातिवाद और सांप्रदायिकता को हवा देने का काम किया था। उसी की सोच और राजनीति से प्रेरित होकर सपा और बसपा ने अपना काम करना आरंभ किया। यह कितना आश्चर्यजनक तथ्य है कि तथाकथित ओबीसी और एससी एसटी के अंतर्गत आने वाली जातियों ने सपा के द्वारा एक जाति विशेष और एक संप्रदाय विशेष को खुल्लम-खुल्ला अपना समर्थन और सरकारी नौकरियों में उनकी अंधाधुंध भर्ती करते देखा, परंतु इसके उपरांत भी वे मौन साधे रहीं। इसी प्रकार बसपा के शासनकाल में उत्तर प्रदेश में एक जाति विशेष के लिए किए जाने वाले सरकारी भूमि के पट्टों की सरकारी स्तर पर की जाने वाली जातिवादी राजनीति को भी देखा। उस समय यह नारा दिया गया था कि, "जो भूमि सरकारी है– वह भूमि हमारी है"- जबकि अन्य राजनीतिक दलों को यह स्पष्ट करना चाहिए था कि वह भूमि प्रदेश के प्रत्येक व्यक्ति की भूमि थी। मायावती अपना काम करती रही और ओबीसी व एससी एसटी में आने वाली जातियों के अन्य लोग इस पर मौन साधे खेल देखते रहे। वास्तव में सपा और बसपा जैसी पार्टियों के द्वारा इस प्रकार का आचरण अपने 'वोट बैंक' को मजबूत करने के लिए मतदाता को दी जाने वाली रिश्वत मानी जानी चाहिए, परंतु ऐसा कुछ भी न तो माना गया और ना मानने की दिशा में कोई चर्चा ही हुई। इसके लिए भाजपा जैसी पार्टियां भी जिम्मेदार हैं, क्योंकि उन्हें भी एससी / एसटी या ओबीसी की वोट चाहिए। इसलिए उन्होंने विधान मंडलों में ऐसी राजनीति की ना तो आलोचना की और ना ही ऐसी तुच्छ राजनीति को करने पर पूर्णविराम लगाने की दिशा में कोई ठोस कार्यवाही की। इतना ही नहीं वह भी अपने वोट बैंक को मजबूत करने के लिए ऐसा ही काम करती रही। उस पर अगड़ी जातियों को अपने साथ लगाए रखने का आरोप लगाया जाता है।

इस प्रकार हमाम में सब नंगे हो गए। देश के संविधान और संविधान निर्माताओं की उस मूल भावना को भूल गए जिसमें सर्व समन्वयी समाज की संरचना पर बल दिया गया

था और भारत से जातिवाद और सांप्रदायिकता के जहर को धीरे-धीरे समाप्त करने का संकल्प लिया गया था। भारत की सामासिक संस्कृति का प्रचार-प्रसार करने का संकल्प हमारे संविधान निर्माताओं ने संविधान के मौलिक कर्तव्यों के अंतर्गत व्यक्त किया है, परंतु उस दिशा में किसी भी राजनीतिक दल ने ईमानदारी से कार्य नहीं किया। जिससे आज हमारे लिए जातिवाद और संप्रदायवाद बहुत बड़ी समस्या बन चुके हैं।

देश की ऐसी स्थिति बनाने में 'गोदी मीडिया' का विशेष योगदान रहा है। कुछ लोगों की दृष्टि में 'गोदी मीडिया' मोदी शासन में ही पैदा हुई है, परंतु सच यह है कि देश के पहले प्रधानमंत्री नेहरू के प्रति चाटुकारिता का भाव रखने वाले पत्रकारों या प्रेस के लोगों को भी 'गोदी मीडिया' ही कहा जाता था। तब से लेकर आज तक 'गोदी मीडिया' का एक वर्ग अपने अपने पसंद के प्रधानमंत्रियों / मुख्यमंत्रियों या राजनीतिज्ञों की आरती उतारने के काम में लगा रहा है। 'गोदी मीडिया' के इन निकृष्ट और भ्रष्ट लोगों ने देश के नायकों को कभी सच पर गंभीरतापूर्वक विचार करने का अवसर ही नहीं दिया।

यही कारण है कि भारत के संविधान में मुस्लिमों को अल्पसंख्यक न मानने के बावजूद भी उन्हें विशेष अधिकारों से सुभूषित कर मजबूत किए रखने की दिशा में तो कार्य किया जा रहा है पर इस बात पर चर्चा नहीं हो रही है कि मुस्लिम अल्पसंख्यक है ही नहीं तो उसे अल्पसंख्यक माना क्यों जाए? इसके साथ ही इस पर भी चर्चा नहीं हो रही है कि देश के संविधान की मूल भावना के अनुसार देश में अल्पसंख्यक कौन हो सकता है? और उनकी कम से कम संख्या कितनी होनी चाहिए? सरकारें अपने कार्यों में व्यस्त हैं और 'गोदी मीडिया' अपने कार्य में व्यस्त है। जबकि देश का साधारण नागरिक सरकारों की इस प्रकार की उदासीनता के चलते कई प्रकार की विसंगतियों में पिस रहा है।

ऐसे में देश का निर्माण कैसे हो सकता है और कैसे राष्ट्रवाद मजबूत हो सकता है? – यह प्रश्न बहुत गंभीर हो चुका है।

हमें यह ध्यान रखना चाहिए कि जिस समय देश में मंडल-कमंडल की राजनीति चल रही थी, उसी समय कांग्रेस अपने मुस्लिम वोट बैंक को मजबूत करने के लिए अल्पसंख्यक आयोग कानून का निर्माण कर रही थी। मंडल-कमंडल वाले सड़कों पर एक दूसरे से खूनी खेल खेलते रहे और कांग्रेस उस समय अपना काम कर गई। यद्यपि उस अल्पसंख्यक आयोग कानून (1993) में भी अल्पसंख्यक शब्द की व्याख्या नहीं की गई।

आज जो लोग यह कह रहे हैं कि देश जब कोरोना से जूझ रहा था तो मोदी पश्चिम बंगाल में चुनावी रैलियों में व्यस्त थे, उन्हें यह समझ लेना चाहिए कि देश की चिन्ता इस देश में कब किस राजनीतिक दल को रही है? मंडल-कमंडल और अल्पसंख्यक के भंवर

में फंसी हुई देश की राजनीति देश के कंकाल को नोंच-नोंच कर खाने वाले नेताओं की जमात बन चुकी है।

इस जमात में शामिल हुए अपने-अपने आकाओं के समर्थक पूरे देश में बिखरे पड़े हैं। वे सब भी एक दूसरे से जातीय दुश्मनी रखते हुए दिखाई देते हैं। सपा का समर्थक भाजपा के समर्थक से भिड़ने को तैयार रहता है तो कांग्रेस वाला बसपा से और बसपा वाला किसी और राजनीतिक दल से और कुल मिलाकर सारे एक दूसरे से गुत्थमगुत्था हुए दिखाई देते हैं। इन नेताओं की इस प्रकार की कमीनी राजनीति ने देश में राजनीतिक सांप्रदायिकता को हवा दी है। जिससे जनसाधारण भी राजनीतिक संप्रदायों अर्थात सपा, बसपा, कांग्रेस में विभाजित हो गया है। यह सब एक दूसरे के प्रति वैसे ही खूनी हो गए हैं जैसे दो संप्रदायों के लोग एक दूसरे के प्रति खूनी होते देखे जाते हैं। ऐसी राजनीति की कल्पना के लिए तो शायद हमारे राजनीतिक संविधान निर्माताओं ने सोचा भी नहीं होगा। क्या हमारे वर्तमान प्रधानमंत्री श्री नरेंद्र मोदी भारतीय राजनीति में आई इन विसंगतियों की ओर ध्यान देकर उचित कदम उठा पाएंगे?

अध्याय - 7

मोदी जी ! हमें चाहिए अपना गौरवमयी वैदिक हिंदू इतिहास

माननीय प्रधानमंत्री श्री नरेन्द्र मोदी जी !

सादर प्रणाम।

महोदय,

2014 में जब आप देश के प्रधानमंत्री बने तो भारतीय धर्म संस्कृति और इतिहास की परंपराओं के प्रति आस्थावान हम जैसे करोड़ों लोगों को आपके प्रधानमंत्री बनने पर असीम प्रसन्नता का अनुभव हुआ था। तब लोगों को लगा था कि आप वैदिक (हिन्दू) इतिहास, संस्कृति और धर्म की रक्षा के लिए अभूतपूर्व कार्य करेंगे। इसमें दो मत भी नहीं हैं कि आपने अपनी क्षमता और सामर्थ्य का सदुपयोग करते हुए पिछली कांग्रेसी सरकारों के अनेक निर्णयों को बड़ी सावधानी से बदलकर या उन सरकारों के द्वारा डाली गई परंपराओं को तोड़कर नई परंपरा स्थापित करके इस दिशा में अनेकों महत्त्वपूर्ण निर्णय लिए हैं। जिनके दूरगामी परिणाम बहुत अच्छे आएंगे। आपने 'सबका साथ – सबका विकास' करने का जो संकल्प लिया, वह भी सराहनीय है। किसी भी न्यायपरक और पक्षपात शून्य हृदय वाले शासक के लिए इसी प्रकार की नीति पर चलना अनिवार्य और उचित होता है। वैसे भी भारत के सम्राटों की यह प्राचीन परंपरा रही है। जिसे आपने अपनाकर भारतीय परंपराओं को ही पुनर्जीवित किया है।

आज आपसे इस पत्र के माध्यम से मुस्लिम आक्रमणकारियों, क्रूर बादशाहों और सुल्तानों के द्वारा देश के अनेकों ऐतिहासिक नगरों, कस्बों और ग्रामों के नाम परिवर्तन के गहरे षड़यंत्र पर विशेष अनुरोध करना चाहूंगा कि वैदिक/ हिंदू इतिहास के गौरवमयी पृष्ठों के पुनर्मूल्यांकन के दृष्टिगत आप ऐसे नगरों, ग्रामों, कस्बों का चिह्नीकरण कराकर उन्हें यथाशीघ्र हिंदू नाम देने का कष्ट करें।

इस क्रम में हम चाहेंगे कि दिल्ली की अकबर रोड का नाम महाराणा प्रताप के नाम से किया जाए। क्योंकि अकबर एक विदेशी लुटेरा था। जिसने हिंदुस्तान को कभी अपना नहीं समझा। उसने यहां हिंदुओं पर अनेकों अत्याचार किए और अनेकों लोगों का धर्म परिवर्तन भी कराया। हेमचंद्र विक्रमादित्य के साथ उसने जो भी कुछ किया या रानी दुर्गावती और उन जैसी अनेकों हिंदू वीरांगनाओं के साथ जो कुछ भी किया, वह सब निंदनीय है। ऐसे निन्दित व्यक्तित्व के स्वामी अकबर के सामने खड़े महाराणा प्रताप हमारे स्वाभिमान और गौरव के प्रतीक हैं। जिन्हें भारत की राजधानी दिल्ली में स्थान मिलना चाहिए। इसलिए अकबर रोड का नाम महाराणा प्रताप के नाम से किया जाना बहुत आवश्यक है। इसी प्रकार हेमचंद्र विक्रमादित्य जैसे महान संस्कृति रक्षक शासक को भी उचित सम्मान देते हुए उनके नाम से भी कोई महत्त्वपूर्ण स्मारक राष्ट्रीय राजधानी में होना चाहिए। जिन्होंने 20 से अधिक युद्ध अफ़गानों से किए थे और उन्हें देश से भगाने के अभियान में अपना महत्त्वपूर्ण योगदान दिया था।

दिल्ली की सड़कों के नाम यदि हमारे देशभक्त, संस्कृति रक्षक, धर्मप्रेमी, हिंदू राजाओं, शासकों, सम्राटों, ऋषियों और राजनीति के मनीषी विद्वानों के नाम पर होंगे तो हर भारतीय को अपनी राजधानी की ऐसी सड़कों पर से गुजरते हुए गर्व और गौरव की अनुभूति होगी। यदि इन सड़कों के नाम विदेशी लुटेरे, हत्यारे, बलात्कारी, अत्याचारी, भारतीय धर्म संस्कृति और इतिहास का अपमान करने वाले लोगों के नाम पर होंगे तो निश्चय ही यह राष्ट्रीय अपमान का बोध कराने वाले होंगे। कांग्रेसी सरकारों ने इन सभी नामों को यथावत रखा या इनमें और भी अधिक वृद्धि की तो इसके पीछे एक ही कारण था कि उन्हें मुस्लिमों का तुष्टीकरण करना था। मुस्लिम वोटों की प्राप्ति के लिए वह भारत के गर्व और गौरव का दमन करते रहे।

हम चाहेंगे कि सम्राट ललितादित्य मुक्तापीड़, बप्पा रावल, नागभट्ट प्रथम, नागभट्ट द्वितीय, गुर्जर सम्राट मिहिर भोज, पृथ्वीराज चौहान, राजा भोज, सम्राट विक्रमादित्य परमार (जिनके नाम पर विक्रमी संवत चलाया गया) छत्रसाल, बंदा बैरागी जैसे अनेकों हिंदू गौरव के प्रतीक शासकों, सम्राटों और योद्धाओं को भी राजधानी में सम्मानजनक स्थान प्रदान किया जाना चाहिए। हमारे क्रांतिकारियों और इतिहास नायकों को यह सम्मान न केवल राष्ट्रीय स्तर पर बल्कि प्रांतीय और जनपदीय स्तर तक भी मिलना चाहिए। यदि कोई क्रांतिकारी किसी जनपद में विशेष क्रांतिकारी गतिविधि को करते हुए अपना बलिदान दे गया या किसी जनपदीय अंचल में क्रांति की मशाल जलाए रखने के ऐतिहासिक कार्य करता रहा तो उसके नाम पर ही कोई न कोई सड़क जनपद में होनी चाहिए।

अभी हाल ही में जनता के लिए खोले गए दिल्ली मेरठ एक्सप्रेस वे का नाम धनसिंह कोतवाल के नाम पर रखा जाना उचित होगा। जिन्होंने 1857 की क्रांति का शुभारंभ मेरठ

से किया था। इसी प्रकार विजय सिंह पथिक जी जैसे क्रांतिकारी के नाम पर न केवल उत्तर प्रदेश के बुलंदशहर व जनपद गौतमबुध नगर में किसी सड़क का नामकरण किया जाए बल्कि राजस्थान के उन क्षेत्रों में भी कोई न कोई सड़क उनके नाम पर होनी चाहिए जहां रहते हुए उन्होंने क्रांतिकारी गतिविधियों को जारी रखा था।

ऐसे योद्धाओं, संस्कृति रक्षक राष्ट्रपुरुषों की स्मृति को अक्षुण्ण रखने और देश के युवा वर्ग के लिए प्रेरणा स्रोत बनाने के दृष्टिकोण से उन पर विशेष अनुसंधान कराया जाए। इन जैसे सभी योद्धाओं की जयंती या बलिदान दिवस आदि को विशेष उमंग और उल्लास के साथ राष्ट्रीय स्तर पर मनाए जाने की परंपरा आपके रहते विकसित होनी चाहिए। लोगों ने सत्ता में रहकर अपने आदर्शों और अपनी पार्टी के पूर्व प्रधानमंत्रियों या पार्टी के बड़े नेताओं के नाम पर सड़कों, स्थानों, स्टेडियमों, पार्कों आदि के नाम रखने की परंपरा चलाई है, जो कि गलत है। हमें पार्टी के नेता नहीं बल्कि राष्ट्र के नेता चाहिए, जिससे राष्ट्रीय एकता मजबूत हो।

आपके रहते दिल्ली की औरंगजेब रोड का नाम एपीजे कलाम साहब के नाम से रखा गया, जिस पर सभी राष्ट्रवादी लोगों को असीम प्रसन्नता की अनुभूति हुई थी। परंतु राष्ट्रीय राजधानी में अभी भी कई सड़कें विदेशी निर्दयी शासकों के नाम पर हैं, जिन्हें देखकर बड़ा दुख होता है। क्यों ना इन सबको एक झटके में समाप्त कर अपने राष्ट्र के गौरव राष्ट्रपुरुषों के नाम कर दिया जाए?

यदि आप ऐसा निर्णय लेते हैं तो निश्चय ही सारे देश में आपके इस ऐतिहासिक निर्णय का स्वागत किया जाएगा। हमें अपने मिसाइल मैन कलाम साहब प्यारे हैं, अपेक्षाकृत उस निर्दयी और क्रूर बादशाह औरंगजेब के जिसने कृष्ण जन्म स्थली सहित हिंदुस्तान के अनेकों गौरवपूर्ण और ऐतिहासिक धरोहर के प्रतीक मंदिरों या धर्म स्थलों को क्षतिग्रस्त किया या नष्ट किया, या अपने काले कारनामों से मानवता को कलंकित करते हुए वैदिक धर्म का अनिष्ट किया।

एक जानकारी के अनुसार यह एक अत्यंत दुर्भाग्यपूर्ण तथ्य है कि भारत के 6 लाख शहरों और गांवों में से अभी भी 704 शहर, कस्बे और गांव ऐसे हैं जो पहले छह मुगल शासकों के नाम पर हैं। इसके अतिरिक्त तुर्कों या अंग्रेजों के नाम पर जिन सड़कों, कस्बों, शहरों या गांवों के नाम हैं, वह इस सूची से अलग है। इन सबके विषय में यह भी एक जानने योग्य तथ्य है कि इनके हिंदू स्वरूप को मिटाकर या उसका नाम परिवर्तित करके ही इनको मुस्लिम नाम दिया गया। बात यह नहीं है कि हम किसी प्रतिशोध की भावना के वशीभूत होकर इन शहरों या कस्बों के नाम परिवर्तित कराने की मांग आपसे कर रहे हैं या इसके पीछे हमारा कोई सांप्रदायिक पूर्वाग्रह है। इसके पीछे हमारा उद्देश्य केवल एक है कि हमारा हिंदू वैदिक इतिहास सुरक्षित किया जाना बहुत आवश्यक है और यह तभी सुरक्षित रह

सकता है या हो सकता है जब मुस्लिमों द्वारा बलात नाम परिवर्तित किए गए शहरों, कस्बों, गांवों और नगरों को उनके मूल नाम दिए जाएं।

जब हम उनके मूल से जुड़ेंगे तो हमें उनके ऐतिहासिक महत्त्व का बोध होगा, इसी को इतिहास बोध कहते हैं। जब यह इतिहास बोध हमारे युवाओं के भीतर उतरेगा तो वह राष्ट्र बोध में परिवर्तित होगा। इसके अतिरिक्त यह व्यवस्था कराया जाना भी आवश्यक है कि कोई भी कॉलोनाइजर किसी विदेशी मत, मजहब या संप्रदाय के व्यक्ति के नाम पर अपनी कॉलोनी, सोसाइटी, नगर या उपनगर का नाम नहीं रखेगा। ये नाम भारतीय परंपरा के अनुकूल हों। किसी मत, मजहब या संप्रदाय को प्रकट करने वाले नहीं होने चाहिए। ब्रिटेन में मुसलमानों के नाम ब्रिटिश इंग्लिश भाषा की परंपरा के अनुसार रखे जाते हैं। वहां लोकतंत्र का अभिप्राय यह नहीं है कि जो मन में आए वही करो – वहाँ राष्ट्रीय परंपराओं का सम्मान करना अनिवार्य है और मजहब को व्यक्ति का व्यक्तिगत विषय रखा गया है। ब्रिटेन की इस लोकतांत्रिक परंपरा के अनुसार यदि किसी व्यक्ति का नाम विलियम है तो जरूरी नहीं कि वह ईसाई हो, वह मुस्लिम भी हो सकता है।

जिन लोगों ने हमारे इतिहास को मिटाया, हमारे महापुरुषों के साथ अत्याचार किए, हमारे पूर्वजों को मिटाने का हरसंभव प्रयास किया या उन पर पाशविक अत्याचार किए, या उन्हें गुलाम बनाने के कार्य किए और महिलाओं के साथ अमानवीय अत्याचार करने के कीर्तिमान स्थापित किए वे राक्षस प्रवृत्ति के अत्याचारी शासक कभी भी हमारे आदर्श या नायक नहीं हो सकते। हाँ, वे उन लोगों के राष्ट्र नायक या महापुरुष या प्रेरणा स्रोत हो सकते हैं जो उनकी सोच को आज भी किसी न किसी प्रकार अपनाए हुए हैं।

देश के जिन 704 स्थानों के नाम अभी भी मुगल बादशाहों के नाम पर हैं उन मुगल बादशाहों में बाबर, हुमायूँ, अकबर, जहाँगीर, शाहजहाँ और औरंगजेब के नाम उल्लेखनीय हैं। एक जानकारी के अनुसार अकेले अकबर के नाम पर देश में 251 गाँवों के नाम हैं।उत्तर प्रदेश में 396 गांवों के नाम मुगल बादशाहों के नामों पर मिलते हैं। इन नामों में अकबरपुर, औरंगाबाद, हुमायूँपुर और बाबरपुर जैसे नाम विशेष रूप से उल्लेखनीय हैं। इसके अतिरिक्त अकबर निवास खाण्डरिका और दामोदरपुर शाहजहाँ भी एक ऐसा ही नाम है जो अभी तक बना हुआ है।

हमारे देश में अभी भी 70 अकबरपुर, 63 औरंगाबाद हैं, जो देश के विभिन्न क्षेत्रों में मिलते हैं। सबसे प्रसिद्ध औरंगाबाद महाराष्ट्र में स्थित है। इस औरंगाबाद का नाम परिवर्तित कर हिंदू नाम दिए जाने की बात शिवसेना लंबे समय से करती चली आई है। पर आज जब उसकी सरकार महाराष्ट्र में काम कर रही है तो उसकी यह मांग अपने आप ही धर्मनिरपेक्षता की भेंट चढ़ गई है।

देश में बाबर के नाम पर 61, हुमायूँ के नाम पर 11, अकबर के नाम पर 251 जहाँगीर

के नाम पर 141, शाहजहाँ के नाम पर 63 और औरंगजेब के नाम पर 177 गाँव या शहर हैं। इनमें 392 उत्तर प्रदेश, 97 बिहार, 50 महाराष्ट्र, 38 हरियाणा, 9 आंध्र प्रदेश, 3 छत्तीसगढ़, 12 गुजरात, 4 जम्मू कश्मीर, 3 दिल्ली, 22 मध्य प्रदेश 27 पंजाब, 4 उड़ीसा, 9 पश्चिम बंगाल, 13 उत्तराखंड और 20 राजस्थान में हैं।

केंद्र की कांग्रेस की सरकार मुस्लिम तुष्टीकरण के चलते इतिहास के साथ न्याय नहीं कर पाईं और इतिहास की प्रदूषण को प्रदूषण मुक्त करने की योजना पर काम करने की दिशा में तो एक कदम भी आगे नहीं बढ़ पाई। क्योंकि उसने एक नहीं बल्कि 5 मुस्लिम शिक्षा मंत्रियों को भारत की शिक्षा नीति और इतिहास की गंगा को और भी अधिक प्रदूषित करने का मानो ठेका ही दे दिया था। जिस कारण वैदिक हिंदू इतिहास का सर्वनाश होता रहा और जो इस देश को लूटते रहे या यहां के लोगों को मारकाट करके समाप्त करते रहे, या उनका धर्मांतरण कर विनाश करते रहे, या उनकी महिलाओं के साथ अत्याचार करते रहे, उन अमानवीय और पाशविक शासकों को सम्मान दिया जाता रहा।

कांग्रेस की सरकारों के इस प्रकार के आचरण का प्रभाव यह हुआ कि आज का हमारा युवा अपने वैदिक हिंदू इतिहास से दूर हो गया है और वह यह मानने लगा है कि भारत पर तुर्कों, मुगलों और अंग्रेजों के अनेकों उपकार हैं। यदि ये लोग भारत में नहीं आते तो भारत में विकास के नाम पर कुछ भी नहीं हो पाता। इसका अभिप्राय यह भी है कि यदि यहां के लोगों ने इन विदेशी जल्लाद आक्रमणकारियों के आक्रमणों का प्रतिकार किया तो वह भी गलती कर रहे थे। क्योंकि उन्हें इन जैसे प्रगतिशील धर्म के मानने वाले आक्रमणकारियों का स्वागत करना चाहिए था। यदि हमारे पूर्वज इस प्रकार स्वागत सत्कार करते तो इस देश का बहुत पहले कल्याण हो गया होता।

आज के युवा को ऐसी सोच से बाहर निकालने के लिए बहुत आवश्यक है कि अपने हिंदू वैदिक इतिहास को गौरवमयी ढंग से तथ्यात्मक आधार पर लिखा जाए और इतिहास के तथ्यों का महिमामंडन करने के लिए राजधानी में स्थित पुराने किले जैसे स्थलों पर वैदिक हिंदू इतिहास से संबंधित विशेष कार्यक्रमों का आयोजन समय-समय पर होता रहना चाहिए। इतना ही नहीं पुराने किले के भीतर अपने वैदिक हिंदू इतिहास को संरक्षित और सुरक्षित करने के दृष्टिकोण से विशेष भवनों का निर्माण कराकर उन सब में वैदिक हिंदू इतिहास की झलकियां दिखाने का उचित प्रबंध किया जाए। वहां पर दीवारों पर चित्रांकन के माध्यम से अपने हिंदू वैदिक इतिहास को लिखा जाए। इसके अतिरिक्त सारा वैदिक हिंदू इतिहास फिल्म के माध्यम से आने वाले पर्यटकों को दिखाने की भी विशेष सुविधा हो।

आशा है कि आप इस दिशा में विशेष कदम उठाएंगे और अपने संबंधित मंत्रालयों को दिशा निर्देश देकर देश के कोटि-कोटि लोगों की अपेक्षाओं और आशाओं को पूर्ण करेंगे।

अध्याय - 8

पाठ्यक्रम में हो आवश्यक परिवर्तन

1. हमारे स्कूलों के पाठ्यक्रम को इस भ्रांति से पूर्णतया मुक्त किया जाए कि आर्य विदेशी थे और हमारे वेद, उपनिषद, गीता, रामायण, महाभारत आदि सभी ग्रंथ काल्पनिक हैं। इसके स्थान पर यह तथ्य स्थापित किया जाना चाहिए कि आर्यों का आर्यावर्त अर्थात आज का भारतवर्ष मूल और प्राचीन देश है। वेदादि सभी धर्म ग्रंथ हमें मानवतावाद की अनुपम शिक्षा प्रदान करते हैं। वेदों के महर्षि दयानंद कृत भाष्य को बच्चों को विशेष रूप से पढ़ाया जाए, जिससे उनके भीतर वेदों के वैज्ञानिक रहस्यों का स्पष्टीकरण हो सके। 1877 के दिल्ली दरबार में महर्षि दयानंद ने इसीलिए भारत में वैदिक गुरुकुलीय शिक्षा प्रणाली को लागू करने की बात कही थी, आज उसी दृष्टिकोण को अपनाकर कार्य करने की आवश्यकता है।
2. भारत के संदर्भ में पश्चिमी और इस्लामिक जगत की ओर से स्थापित इस भ्रांति को भी समूल नष्ट किया जाना चाहिए कि भारत में प्राचीन काल में लोग विज्ञान से परिचित नहीं थे और वे अंधविश्वासी पाखंडी लोग थे। इसके स्थान पर यह तथ्य स्थापित किया जाना चाहिए कि सत्य सनातन वैदिक धर्म पूर्णतया वैज्ञानिक दृष्टिकोण रखने वाला धर्म है और संसार के जितने भर भी आविष्कार हुए हैं उन सबके आविष्कारक हमारे ऋषि लोग ही थे।
3. जो लोग हमारे बारे में यह कहते हैं कि भारत के लोग इतिहास जैसी पुस्तक को लिखने के प्रति सावधान नहीं थे, उनके इस झूठ का पर्दाफाश करते हुए यह तथ्य स्थापित किया जाना चाहिए कि भारत के लोगों ने इतिहास को संजोने और संवारने के लिए रामायण और महाभारत जैसे ग्रंथ इस शैली में लिखे कि लोग उनसे युगों-युगों तक शिक्षा ग्रहण करते रहेंगे। इसके साथ ही पुराण आदि ग्रंथों की रचना भी प्राचीन इतिहास को संजोने और संवारने के दृष्टिकोण से ही की गई।

4. भारत की सत्य सनातन वैदिक संस्कृति को ही सर्वोपरि और सर्वोच्च मानते हुए आजादी के बाद विकसित की गई तथाकथित 'गंगा-जमुनी संस्कृति' की भ्रान्त धारणा को भी समूल नष्ट किया जाए और उसकी परछाई से वर्तमान पाठ्यक्रम को मुक्त किया जाए। यह भी स्पष्ट किया जाना चाहिए कि इस 'गंगा जमुनी संस्कृति' ने भारत के ऋषियों के बहुत से मानवीय मूल्यों को नष्ट कर दिया है। जैसे लोगों का एक दूसरे को परस्पर के वार्तालाप तक में गाली देना इसी गंगा जमुनी संस्कृति का परिणाम है, हिंदू का विरोध करना और भारत की संस्कृति को उपेक्षित करना भी इसी संस्कृति की देन है। वास्तव में 'गंगा-जमुनी संस्कृति' भारत को मिटाने के लिए काम कर रही है।
5. ताजमहल को तेजोमहालय मंदिर घोषित किया जाए। प्रमाणों के आधार पर दिल्ली के लाल किले को भी किसी मुस्लिम बादशाह द्वारा बनवाया जाना न दिखाकर उसके वास्तविक निर्माता राजा अनंगपाल को इसका श्रेय दिया जाना चाहिए। इसके साथ ही कुतुबमीनार को भी राजा विक्रमादित्य के शासनकाल में बनाए गए एक अनुसंधान केंद्र अर्थात वेधशाला के रूप में सम्मान दिया जाना चाहिए और इसके वास्तविक निर्माता खगोलविद वराह मिहिर को इतिहास में विशेष सम्मान दिया जाना चाहिए। इसी प्रकार देश में उपेक्षित पड़े हजारों ऐतिहासिक स्थलों, दुर्गों, भवनों को भी विशेष रूप से महिमामंडित किया जाना चाहिए, जो किसी न किसी हिंदू राजा के द्वारा किसी न किसी काल विशेष में बनाए गए थे।
6. भारत वर्ष के इतिहास को रामायण काल और संभव हो तो उससे भी पहले से लिखा जाना चाहिए। राजा मांधाता, श्री राम, मनु महाराज, अश्वपति, युधिष्ठिर, श्रीकृष्ण जी जैसे अनेकों राजाओं के जीवन के प्रशंसनीय और अनुकरणीय प्रसंगों को पाठ्यक्रम में सम्मिलित किया जाना चाहिए। महामति चाणक्य, विदुर, भीष्म पितामह जैसे महापुरुषों की आदर्श जीवनी को भी पाठ्यक्रम में स्थान दिया जाना चाहिए। इस विषय में अनेकों ऋषि, साहित्यकार, कवि, लेखक और विद्वानों के जीवन वृतांत सम्मिलित किए जा सकते हैं।
7. पाठ्यक्रम में 'नैतिक शिक्षा' और 'हमारे पूर्वज' जैसी पुस्तकों को स्थान दिया जाना चाहिए। जिनमें भारत और भारतीयता को मजबूत करने वाले उन सभी महापुरुषों को स्थान दिया जाना चाहिए जो हमारे गौरवशाली इतिहास की महान विरासत के एक अंग रहे हैं। इसके साथ ही नैतिक शिक्षा में हमारे वेदादि धर्म शास्त्रों के मंत्रों / श्लोकों आदि को स्थान दे कर बच्चों को अपनी प्राचीन गौरवशाली विरासत के साथ जोड़ने का प्रयास किया जाना चाहिए।

8. भारतीय स्वाधीनता संग्राम पर जिस तथाकथित गांधीवाद की छाया पड़ी हुई है, उसे हटाकर भारत के क्रांतिकारी आंदोलन के इतिहास को स्कूलों के पाठ्यक्रम में सम्मिलित किया जाना चाहिए। अपने उन सभी क्रांतिकारी वीर–वीरांगनाओं को इसमें स्थान दिया जाना चाहिए जिन्होंने सन 712 में मोहम्मद बिन कासिम के आक्रमण से लेकर 1947 तक किसी न किसी प्रकार से या तो अपना बलिदान दिया या स्वाधीनता संग्राम की ज्योति को जलाए रखने में अपना कोई भी योगदान किया। इतिहास पर हिंदू समाज के कायर होने की परछाई को भी मिटाने का प्रयास किया जाना चाहिए और यह स्पष्ट करना चाहिए कि विश्व में वैदिक हिंदू धर्म के मानने वाले लोग ही ऐसे हैं जिन्होंने अपनी स्वाधीनता को बचाए रखने के लिए 1235 वर्ष तक संघर्ष किया।
9. भारतवर्ष में इस्लामिक आक्रमणकारियों ने यदि यहां के लोगों का धर्मांतरण कर अपनी संख्या बढ़ाने का प्रयास किया तो भारत के लोगों ने उनके इस प्रकार के कार्य का उचित प्रतिशोध और प्रतिरोध भी किया। इस तथ्य को स्पष्ट करने के लिए बप्पा रावल, नागभट्ट प्रथम, नागभट्ट द्वीतीय, सम्राट मिहिर भोज और उनके समकालीन अन्य अनेकों राजाओं / शासकों के उन प्रयासों को भी वंदनीय मानते हुए इतिहास की पुस्तकों में स्थान दिया जाना चाहिए जिन्होंने अपने-अपने समय पर 'घर वापसी' और 'शुद्धि आंदोलन' के कार्य किए। इनमें राजा लूणकरण भाटी जैसलमेर और दुल्ला भट्टी जैसे लोगों के सार्थक प्रयासों को भी सम्मिलित किया जा सकता है।
10. भारतीय इतिहास को गति देने वाले उन हिंदू वीर योद्धाओं को भी हमें सम्मान देना चाहिए जिन्होंने आज के पाकिस्तान, अफगानिस्तान, ईरान, इराक, अरब, चीन, तिब्बत, बांग्लादेश नेपाल, लंका, बर्मा, जावा, सुमात्रा, बोर्निओ, कंबोडिया इंडोनेशिया आदि उन देशों में रहते हुए भारतीय संस्कृति और धर्म की रक्षा करते हुए और इनके प्रचार-प्रसार में सहयोग प्रदान करते हुए महान कार्य किए, जो कभी वृहत्तर भारत के भाग हुआ करते थे।
11. दिल्ली के पुराने किले को महाभारत कालीन किला होने के कारण सबसे पुराना किला मानकर इसके किले के महाभारत कालीन भव्य भवनों को फिर से स्थापित किया जाए और यहां पर महाभारत कालीन चित्रों को झांकियों के माध्यम से प्रदर्शित किए जाने की व्यवस्था की जानी चाहिए। इसी किले में आकर हेमचंद्र विक्रमादित्य ने भारत के खोए हुए वैभव को फिर से स्थापित कर अपना राजतिलक कराया था, उस ऐतिहासिक दृश्य को भी यहां पर झांकियों के माध्यम से स्थापित किया जाना चाहिए।
12. चित्तौड़गढ़ के किले को विशेष रूप से गरिमा प्रदान की जानी चाहिए। इस किले

में महाराणा प्रताप की आदमकद विशाल मूर्ति चेतक के साथ स्थापित की जानी चाहिए। इससे जुड़े हुए उन सभी इतिहास पुरुषों को इसमें सम्मान प्रदान किया जाना चाहिए जिनकी जीवन गाथा इस किले से किसी न किसी प्रकार जुड़ी रही है। इनमें जहां गूजरी माता पन्ना धाय को स्थान मिलना चाहिए वहीं जयमल पत्ता रानी कर्मवती, गोरा–बादल आदि को भी सम्मान पूर्ण स्थान प्राप्त होना चाहिए।

13. मर्यादा पुरुषोत्तम श्री रामचंद्र जी के द्वारा रूस, अमेरिका, चीन जैसे देशों से रावण के साम्राज्य को समाप्त कर वहां पर आर्य राजाओं को शासन की बागडोर सौंपने और संपूर्ण भूमंडल पर फिर से असुर संस्कृति के स्थान पर भारत की देव संस्कृति अर्थात आर्य संस्कृति को लागू करने के महान कार्य को भी महिमामंडित करके दिखाने की आवश्यकता है।
14. योगीराज श्री कृष्ण जी महाराज के योगी स्वरूप के साथ-साथ उनके यौद्धेय (योद्धा) स्वरूप को भी पाठ्यक्रम में स्थापित किया जाना चाहिए। इसके साथ ही साथ गीता को भी पाठ्यक्रम में समुचित स्थान दिया जाना चाहिए। यह तब और भी अधिक आवश्यक हो जाता है जब आज के छात्र छात्राओं में धैर्य और संयम की कमी के चलते उनमें आत्महत्या की प्रवृत्ति निरंतर बढ़ती जा रही है। क्योंकि गीता के अध्ययन से मनुष्य कर्मशील तो बनता है लेकिन फल पर अधिकार जमाने की इच्छा से मुक्त हो जाता है।
15. वैदिक ऋषियों के द्वारा संसार को सबसे उत्तम शिक्षा वीर्य रक्षा की दी गई है। जिस पर आज की शिक्षा प्रणाली या तो मौन है या फिर इस जीवनी शक्ति के विनाश के लिए सारे साधन छात्र-छात्राओं को उपलब्ध करा रही है। जिससे देश की युवा शक्ति का विनाश हो रहा है। इसलिए विद्यालयों में शैक्षणिक पाठ्यक्रम के माध्यम से छात्र छात्राओं को जीवनी शक्ति के संचय करने की भी उचित शिक्षा देना समय की माँग है।

अध्याय - 9

पश्चिम की जूठन खाने वाले अधिकारी और हिन्दू अस्तित्व

भारत की भाषा, संस्कृति और धर्म से पूर्णतया अपरिचित रहने वाले अधिकारी भी भारत में हिंदू अस्तित्व के लिए एक खतरा बन चुके हैं। भारतवर्ष के अधिकांश अधिकारी इंग्लिश मीडियम स्कूलों से पढ़कर नौकरियाँ करते हैं। जिससे उन्हें हिंदू गरिमा और हिंदू इतिहास के विषय में कुछ भी बोध नहीं होता। ये लोग मनमानी व्याख्याएं भारतीय धर्म, संस्कृति और इतिहास को लेकर करते रहते हैं। भाषा और संस्कृति के बारे में इनकी मान्यताएं वैसी ही होती हैं जैसी इनके अंग्रेज आका इन्हें बताते रहे हैं। भारत को समझने के लिए उनके पास अपनी दृष्टि और दृष्टिकोण नहीं होता। ये लोग आज भी भारत को समझने के लिए पश्चिम की ओर देखते हैं और पश्चिमी तथाकथित विद्वानों की मान्यताओं को ही भारत के बारे में अंतिम सत्य मान लेते हैं। यहां पर हम एक ऐसा ही उदाहरण प्रस्तुत कर रहे हैं, जिससे हमारे इस मत की पुष्टि होती है।

10 जनवरी को प्रत्येक वर्ष अंतर्राष्ट्रीय हिंदी दिवस मनाया जाता है। 2 वर्ष पहले मैं उस दिन डायमंड पॉकेट बुक्स के चीफ श्री नरेंद्र वर्मा जी के आमंत्रण पर प्रगति मैदान में लगे विश्व पुस्तक मेले में एक वक्ता के रूप में पहुंचा। जिसमें कुछ पुस्तकों का विमोचन किया जाना था। उस कार्यक्रम में सुप्रसिद्ध पत्रकार डॉक्टर वेद प्रताप वैदिक सहित भारत सरकार के राजभाषा विभाग से भी दो अधिकारी उपस्थित थे। राजभाषा विभाग से उपस्थित हुए उन अधिकारियों के बारे में संचालक महोदय ने बताया कि वह कई देशों की यात्रा भी कर चुके हैं। भारतवर्ष में यह बड़ी अजीब बात है कि लोगों के विदेश भ्रमण के आधार पर भी उन्हें ज्ञानी मान लिया जाता है और वह स्वयं भी जब बोलने को खड़े होते हैं तो विदेश यात्राओं का अभिमान उनकी वाणी से भी झलकता है।

राजभाषा विभाग से आए इन अधिकारियों ने अपने संबोधन में कहा कि बोली से

भाषा का विकास होता है। उन्होंने खड़ी बोली को हिंदी भाषा के विकास का आधार बताया। इस बात को सुनकर मेरा माथा ठनक गया। मैं बैठा-बैठा सोच रहा था कि इन लोगों के मन मस्तिष्क में पश्चिम के मूर्ख विद्वानों की धारणाएं इतनी अधिक घर कर चुकी हैं कि ये भारत में भी उन्हीं को लागू करना चाहते हैं। लगता है ये लोग विदेशी दौरों पर जाकर भारत के लिए यही सीख कर आते हैं कि भारत का पश्चिमीकरण कैसे किया जाए या भारत पर पश्चिम के तथाकथित विद्वानों की मान्यताओं और धारणाओं को कैसे थोपा जाए? वास्तव में ये लोग पश्चिमी जगत के तथाकथित विद्वानों के उच्छिष्टभोजी विद्वान हैं, जो दूसरों की जूठन को ही सब कुछ मान लेते हैं।

जहां तक पश्चिम की बात है तो वहां पर कोई भी भाषा ऐसी नहीं है जो अपने आपको भाषा कहला सके, क्योंकि वह सारी की सारी बोलियां हैं। यहां तक की अंग्रेजी भी अपने आप में एक भाषा नहीं है बल्कि एक बोली है। जिसमें भाषा की पवित्रता, वैज्ञानिकता और उत्कृष्टता का लेशमात्र भाव भी नहीं मिलता। भाषा तो संसार के लिए ईश्वर ने केवल वेद वाणी संस्कृत ही दी है। इसे हम इसलिए भी कहते और मानते हैं कि जब संसार का बनाने वाला एक है, उसकी व्यवस्था अर्थात वेद एक है तो उसकी भाषा भी एक ही होनी चाहिए। संस्कृत को पश्चिम के विद्वान सबसे पुरानी भाषा तो मानते हैं परंतु साथ ही साथ अपनी बोलियों को भी भाषा के रूप में स्थान दिलाने का हर संभव प्रयास करते हुए दिखाई देते हैं। इसलिए उन्होंने भाषाओं के अलग-अलग परिवार तक बनाने का अतार्किक प्रयास किया है। लोगों को इन तथाकथित भाषा परिवारों के नाम पर भ्रमित किया है। जब इन्हीं पश्चिमी विद्वानों की मान्यताओं को राजभाषा विभाग के उक्त अधिकारियों ने मंच से बोलना आरंभ किया तो लगा कि उन लोगों के पास अपना चिंतन नहीं है, पर यह बड़े पदों पर बैठकर भारत और भारतीयता का बहुत बड़ा अहित कर रहे हैं। सरकारों में बैठे लोग भी अभी तक कम्युनिस्ट और कांग्रेसी विचारधारा के होने के कारण इनकी उल्टी-सीधी मान्यताओं और धारणाओं पर अपनी स्वीकृति की मोहर लगा देते हैं। जिससे बातों का और भी अधिक गुड़ गोबर हो जाता है।

जब मुझे बोलने का अवसर दिया गया तो मैंने उनकी इस बात को सिरे से खारिज करते हुए कहा कि हमें यह ध्यान रखना चाहिए कि भाषा से बोली बनती है, बोली से भाषा नहीं, आर्य भाषाशास्त्रियों का सिद्धांत यही है। फिर मैंने उन्हें बताया कि उदाहरण के रूप में आप 'जुगाड़' शब्द को ले सकते हैं, जो सभी भाषाओं की जननी संस्कृत के 'युक्ति' शब्द से बिगड़कर युक्ति से जुगती, जुगती से जुगत और जुगत से जुगाड़ तक पहुंच गया है। 'जुगाड़' शब्द किसी भाषा का शब्द नहीं है, यद्यपि यह एक बोली का शब्द हो सकता है। इस प्रकार बोली भाषा का विकृत स्वरूप है। यह कभी नहीं हो सकता कि जुगाड़ से युक्ति

शब्द बन जाए अर्थात बोली के शब्द से हम भाषा के पवित्र और वैज्ञानिक शब्द की ओर कभी नहीं बढ़ सकते।

बोली को भाषा का आधार बनाना उल्टी गंगा पहाड़ पर चढ़ाना है। इसी प्रकार कई शब्दों पर प्रकाश डालते हुए मैंने अपने संबोधन में यह भी कहा कि संस्कृत का शब्द है यव, जो 'यव' से बिगड़कर 'जव' हो गया 'जव' से 'जौ' हो गया। जव को अंग्रेजों ने 'जावा' बोला। यह वैसे ही है जैसे वह राम को रामा कृष्ण को कृष्णा और योग को योगा बोलते हैं। इसलिए उन्होंने हमारे ऋषियों के द्वारा यव द्वीप को जव द्वीप न कहकर जावा द्वीप कहा। यहाँ पर यह भी उल्लेखनीय है कि हमारे ऋषियों ने यव द्वीप की जौ जैसी आकृति होने के कारण उसे यवद्वीप के नाम से पुकारा था।

अब यदि 'जावा' शब्द पर विचार करें तो 'जावा' किसी भी भाषा का शब्द नहीं है। यह पूर्णतया अवैज्ञानिक शब्द है। जिसे आप किसी बोली विशेष का शब्द तो कह सकते हैं, पर संस्कृत या हिंदी भाषा का शब्द नहीं कह सकते। पश्चिमी जगत के तथाकथित भाषा शास्त्रियों के पास इस बात का कोई जवाब नहीं कि जावा किस भाषा का शब्द है। हमें यह ध्यान रखना चाहिए कि भाषा की जूठन, टूटन, फूटन और रूठन से बोली बन जाती है। बोली से कभी भी भाषा नहीं बन सकती। भारतीय ऋषियों का यह चिंतन ही भाषा के संबंध में माननीय और मननीय होना चाहिए।

जहां तक पश्चिमी उत्तर प्रदेश की खड़ी बोली से हिंदी के विकास की बात है तो पश्चिमी उत्तर प्रदेश की खड़ी बोली में अनेकों शब्द संस्कृत भाषा के हैं जो टूट-फूट कर आज उल्टे-सीधे अर्थों में प्रयोग किए जाते हैं। उन शब्दों को पकड़कर उनके वास्तविक शब्द पर जाने की आवश्यकता है ना कि इस मूर्खतापूर्ण धारणा में जीने की आवश्यकता है कि खड़ी बोली के इन्हीं टूटे-फूटे शब्दों से संस्कृत से निकली हिंदी जैसी परिष्कृत और वैज्ञानिक भाषा का विकास हुआ?

मेरे इस विचार से डॉ. वेद प्रताप वैदिक जी तो सहमत थे, परंतु उक्त अधिकारी महोदय इतने तनाव में आए कि वह अपनी नाराजगी को चेहरे पर लेकर मुझसे मुंह चिढ़ा कर बैठ गए। कारण साफ था कि उनकी अपनी मान्यता को मेरे बोलने से ठेस लगी थी। इन लोगों के भीतर इतना अहंकार पैदा हो जाता है कि यह बड़े पदों पर बैठकर यह मान लेते हैं कि जो तुम कह रहे हो वही ठीक है और उसी को नीचे वाले यथावत मान लें। इसका एक कारण यह भी है कि देश की व्यवस्था को चलाने वाले नेताओं में से अधिकांश अभी तक ऐसे रहे हैं जो इन तथाकथित 'पदेन विद्वानों' की मूर्खतापूर्ण धारणाओं को ही 'ब्रह्मवाक्य' मानते रहे हैं। इससे इन लोगों के भीतर यह भ्रम पैदा हो जाता है कि जब हमारी बात को अमुक मंत्री या अमुक सचिव /अधिकारी आदि ने मान लिया तो फिर जनसाधारण को तो मान

ही लेना चाहिए। गुलामी की यह भी एक पहचान होती है कि उसमें ऊपर वाला नीचे की बोलती बंद करके रखता है, अपने आदेश को अंतिम घोषित करके चलता है और नीचे वाला दुम हिलाते हुए तलवे चाटते-चाटते उसकी बात पर 'यस सर' - 'यस सर' करता जाता है। आप सरकारी अधिकारियों के पास यदि बैठे हैं और यदि उनके पास उनके बड़े अधिकारी का फोन आ जाए तो वह 'यस' 'यस' या 'जी सर' सर... सर... करते रहते हैं। अपना विचार नहीं दे सकते? अपना चिंतन नहीं दे सकते? अपनी बात नहीं रख सकते? इसे आप क्या कहेंगे? – निरी गुलामी। ऐसी सोच में जीने वाला बड़ा अधिकारी अपनी धारणाओं व मान्यताओं को सब पर लागू करते रहने का एक सुनहरा सपना देखता रहता है। भारत से अंग्रेज चले गए हैं पर अंग्रेजियत नहीं गई है। उसी अंग्रेजियत की गुलामी भरी मानसिकता की प्रतीक है – यह व्यवस्था। इसी सोच के वशीभूत उपरोक्त अधिकारियों ने मेरे प्रति ऐसा व्यवहार किया जैसे मैंने उनकी बात को काटकर बहुत बड़ा अपराध कर दिया है।

स्वामी योगानंद तीर्थ अपनी प्रसिद्ध पुस्तक 'स्वाध्याय सन्दोह' में एक वेद मंत्र की व्याख्या करते हुए 'विदथे' शब्द पर प्रकाश डालते हुए कहते हैं कि यह उस व्यक्ति के लिए प्रयुक्त किया जाता है जो शास्त्रसंग्राम में धर्षक वाणी वाला अर्थात दूसरे की बोलती बंद कर देता है। अब इस धर्षक शब्द पर विचार करते हैं।

इस धर्षक से ही शब्द 'धसक' बन गया है। जो इसी भाव में प्रकट होता है कि दूसरा व्यक्ति किसी के बोलने पर मौन हो जाता है। इसी से धौंस बन गया है। इसी धर्षण शब्द से दहाड़ (शेर की आवाज) दहाड़ी या धाड़ी, दड़ूक (बेजार की आवाज) धड़ल्लेबाज (लंबा झूठ बोलकर किसी को निरुत्तर कर देने वाला) जैसे शब्द बने हैं। यदि इन सब शब्दों पर विचार करें तो पता चलता है कि मूल शब्द की विकृति से यह सारे शब्द बन गए हैं, जो उसी भाव में थोड़े-थोड़े अर्थ परिवर्तन के साथ प्रयोग किए जाते हैं। वास्तव में शब्दों में विकृति उच्चारण दोष के कारण होती है जो अनपढ़ अशिक्षित लोगों के द्वारा अक्सर हो जाया करती है। अंग्रेजी के लॉर्ड साहब शब्द को लीजिए जो हमारे अनपढ़ अशिक्षित ग्रामीण देहातियों के द्वारा आज भी 'लाट साब' के नाम से बोला जाता है। इसी प्रकार गवर्नर शब्द को लोग 'गवन्नर' कहते मिलते हैं। ऐसे अनेकों शब्द हैं। जिनसे पता चलता है कि हम भाषा के शब्दों को पकड़ने की ओर न बढ़कर बोली के शब्दों पर अनावश्यक कुश्ती करते रहते हैं और उन्हें किसी न किसी प्रकार वैज्ञानिक और तार्किक ठहराने का प्रयास करते रहते हैं, जो कि पूर्णतया गलत है।

हमारा मानना है कि भारतवर्ष में यदि लोग बोलियों को भाषा मानना छोड़ दें और बोलियों के शब्दों को भाषा के किसी मूल शब्द से ले जाकर जोड़ने की ओर मन मस्तिष्क

का प्रयोग करने लगें तो हमारी भाषा संबंधी अनेकों समस्याओं का समाधान हो सकता है। इससे भाषाई विवाद या भाषाओं को लेकर होने वाले झगड़े भी समाप्त हो सकते हैं। इस सब के लिए हमें तथाकथित पदेन विद्वानों के भ्रम जाल से अपने आप को बाहर निकालना होगा हम समझने की पदों पर बैठे तथाकथित विद्वान भारत और भारतीयता के संदर्भ में नत्थू कुछ जानते हैं और ना कुछ करने को तैयार हैं इसके तरीके जहां तक नेताओं की बात है तो यह इनकी स्थिति और भी अधिक दयनीय है। इनमें से अधिकांश ऐसे हैं जिनके पास कोई बौद्धिक चिंतन नहीं है और जिनका जमीन से जुड़ाव भी नहीं है। इसलिए समझ लीजिए कि जो कुछ करना है, हम आप सबको मिलकर ही करना है।

आपको एक और बात पर भी ध्यान देना चाहिए कि ये भारत के नौकरशाह पहले दिन से ही अंग्रेजों वाली पोशाक पहनकर भारतीय प्रशासन को चलाते आ रहे हैं। दुर्भाग्य से शासन में आने वाले लोग भी वही रहे हैं जो इनकी मानकर चलें हैं। इन्होंने कभी भारतीय पोशाक को प्राथमिकता नहीं दी। जब इन्हें भारतीय पोशाक अच्छी नहीं लगती तो भारतीय विचार इन्हें कहां अच्छे लगते होंगे? दूसरी बात, अब इन्हीं के बीच में से निकल कर जब कुछ केजरीवाल जैसे लोग देश की राजनीति में आ रहे हैं तो वे भी इन्हीं के नक्शे कदम पर चलते हुए भारतीय पोशाक को राजनीति से भी विदा कर रहे हैं। नेताओं की पोशाक भारतीय और अधिकारियों की पोशाक विदेशी, इस खिचड़ी को हमने पहले दिन से समझा नहीं। अब समझ लीजिए। अभी भी समय है।

नेता नाटक के लिए जनता के बीच खड़े होकर भारत की पोशाक पहनते रहे और उनके अपने कार्यालय विदेशी पोशाक पहने अधिकारियों के माध्यम से चलते रहे। तनिक सोचिए, इस खिचड़ी के बीच भारत का विकास कैसे संभव है? कैसे भारत की भाषाओं का उत्थान हो सकता है, कैसे भारतीय विचारों को विश्व मंचों पर परोसा जा सकता है?

कैसे हिंदू का अस्तित्व बचा रह सकता है? जब पूरी नौकरशाही हिंदू के पीछे पड़ी हो तो स्थिति सच में बड़ी भयानक कही जा सकती है।

अध्याय - 10

मुद्दों को भूल जाना भारतीयों का पुराना रोग

वर्तमान केंद्र सरकार के द्वारा लाए गए किसानों से संबंधित कानूनों को लेकर देश के कुछ किसान आंदोलनरत हैं, उन पर आरोप है कि उनमें से अधिकांश यह नहीं जानते कि केंद्र सरकार जो कानून लाई है उसकी विषय-वस्तु क्या है? और वह किसका विरोध कर रहे हैं? वास्तव में मुद्दों के बारे में गहरी जानकारी ना होना या मुद्दों को भूल जाना हम भारतवासियों की पुरानी परंपरा है।

आप देखें कि आज भारत के जितने भी पड़ोसी देश हैं इन सब पर कभी विदेशी आक्रमणकारियों का आक्रमण होने का इतिहास नहीं मिलता। इसका कारण केवल एक ही है कि इन सभी देशों का अपना कोई दीर्घकालिक इतिहास नहीं है। इनका इतिहास भारत के साथ संयुक्त है अर्थात भारत का इतिहास ही इनका इतिहास है। यह कितना दुर्भाग्यपूर्ण तथ्य है कि भारत के बारे में स्थापित किए गए उन मूर्खतापूर्ण तथ्यों पर भारत के पड़ोसी देश (जो कि कभी भारत के ही एक अंग रहे हैं) उपहास उड़ाते हैं, जिनमें यह लिखा गया है कि भारत सदियों से विदेशियों के आक्रमणों को झेलता आया है। वे इस बात पर इस प्रकार हंसते हैं जैसे इस प्रकार के विदेशी आक्रमणों से होने वाली जनहानि को केवल आज के भारत ने ही झेला है और उन आक्रमणों के आक्रांताओं से भी केवल आज का ही भारत लड़ा है। जबकि सच यह है कि पाकिस्तान, अफगानिस्तान और ईरान जैसे देशों के पूर्वज भी उस समय भारत के साथ मिलकर विदेशी आक्रमणकारियों को खदेड़ने में सम्मिलित रहे थे।

भारत में अपने अस्तित्व से जूझते हिंदू समाज समाज को इस बात पर विशेष ध्यान देना चाहिए कि जो पड़ोसी देश आज अपने आपको मुस्लिम देश कहते हैं, उनके पूर्वज हिंदू थे। उन्होंने अपने उन हिंदू पूर्वजों का इतिहास भुला दिया है जो अपने अस्तित्व के

लिए उस समय संघर्ष करते रहे थे। यदि आज के परिप्रेक्ष्य में हिंदू समाज के लोगों को इस बात पर ध्यान देना चाहिए कि यदि आज समाज में जागरण नहीं आया तो आने वाले कल में उनके संघर्ष को भी वैसे ही भुला दिया जाएगा जैसे पाकिस्तान, अफगानिस्तान, बांग्लादेश आदि मुस्लिम देशों में संघर्ष करने वाले हिन्दू योद्धाओं के संघर्ष को भुला दिया गया।

आज अपने पूर्वजों के ही उस महान कार्य पर इन्हीं देशों के लोग उपहास करते हैं। ऐसा तब ही होता है जब व्यक्ति इतिहासबोध और राष्ट्रबोध से वंचित कर दिया जाता है। यह दुखद है कि हमें इतिहासबोध और राष्ट्रबोध से आज भी वंचित किए रखने का कुचक्र निरंतर जारी है। देश के हिंदू समाज पर तरस आता है कि वह इस कुचक्र का प्रतिरोध करने के लिए उठ खड़ा होना भी नहीं चाहता।

जब भारत पर आक्रमण करने वाले या उसे पराजित करने वाले वाले मुस्लिम होते हैं तो उन पर हिन्दू अतीत रखने वाले पाकिस्तान, अफगानिस्तान, ईरान और अरब वालों की भी छाती चौड़ी होती है कि हम विदेशी थे और हमने कभी भारत को पराजित किया था। जबकि जिस समय कथित रूप से भारत को आक्रमणों के माध्यम से पराजित किया जा रहा था उस समय भारत अपने इन सभी क्षेत्रों या प्रांतों को बचाने के लिए कमर कसकर युद्ध कर रहा था। म्यांमार, श्रीलंका, नेपाल, तिब्बत, भूटान, पाकिस्तान, मालद्वीप, जावा, सुमात्रा, बोर्नियो, कंबोडिया, इंडोनेशिया, वियतनाम, मलेशिया आदि तक कभी भारत का ही विस्तार हुआ करता था। पिछले दो-ढाई हजार वर्ष से जब से भारत का विखंडन होना आरम्भ हुआ, तब से लेकर 1947 में जब पाकिस्तान अलग बना तो विद्वानों का मत है कि यह भारत का 24 वां विभाजन था। इस प्रकार स्पष्ट है कि आज भारत के चारों ओर जितने भी उसके पड़ोसी देश हैं ये सब कभी न कभी भारत के इतिहास के एक अंग रहे हैं, आज उन्हीं के साथ हमें अपनी विदेश नीति निर्धारित करनी पड़ रही है। यदि मजहब नाम का राक्षस इतिहास की इस दीर्घकालिक परंपरा में कहीं से प्रवेश करने में सफल नहीं होता तो आज भी हम वास्तविक और अखंड भारत का दर्शन कर रहे होते। जो लोग यह कहते हैं कि 'मजहब नहीं सिखाता आपस में बैर रखना' – उन्हें इस बात पर विचार करना चाहिए कि यदि मजहब आपस में बैर रखना नहीं सिखाता है तो वह एक देश के 24 टुकड़े कैसे कर देता है?

राइट विंग इतिहासकारों के मुताबिक सन 1947 में भारत-पाक विभाजन के रूप में यह भारतवर्ष का पिछले 2500 वर्षों में 24वां विभाजन है। जबकि अंग्रेजों द्वारा 1857 से 1947 तक उनके द्वारा किया गया भारत का 7वां विभाजन है। 1857 में भारत का क्षेत्रफल 83 लाख वर्ग किमी था। वर्तमान भारत का क्षेत्रफल 32-33 लाख वर्ग किमी है।

पड़ोसी 9 देशों का क्षेत्रफल 50 लाख वर्ग किमी बनता है।

जो लोग भारत में रहकर किसी राजनीतिक पार्टी के सदस्य होकर या किसी राष्ट्रवादी संगठन के कार्यकर्ता होकर अखंड भारत के संकल्प की बात दोहराते हैं उनमें से अधिकांश को यह पता नहीं है कि अखंड भारत के निर्माण के लिए कौन-कौन से देशों को भारत के साथ जोड़ना होगा? वह केवल पाकिस्तान और बांग्लादेश को मिलाकर अखंड भारत की बात करते जान पड़ते हैं। अधिकांश लोगों को यह भी ज्ञात नहीं है कि वे 9 देश कौन-कौन से हैं जिनके पास आज भी भारत का 5000000 वर्ग किलोमीटर का क्षेत्रफल गुलाम पड़ा हुआ है? बस भाषण देना और भाषण देकर ताली बजवा लेना इन राजनीतिक पार्टियों व संगठनों के नेताओं का काम रह गया है। यह कुल मिलाकर वैसे ही हैं जैसे सीएए और एनआरसी के विरुद्ध आंदोलन कर रहे लोगों को यह पता नहीं था कि सीएए और एनआरसी है क्या?

हम ऐसे कितने लोग हैं जो नागभट्ट प्रथम, नागभट्ट द्वीतीय और सम्राट मिहिर भोज द्वारा अखंड भारत की साधना को याद कर उन्हें विनम्र श्रद्धांजलि राष्ट्रीय स्तर पर प्रदान करते हैं? कुछ लोगों ने इन्हें जातीय आधार पर भुलाने का काम किया तो कुछ ने इन्हें केवल अपने लिए अपना लिया और इनकी पहचान जातिगत आधार पर बनाई। राष्ट्रीय आधार पर उन्हें राष्ट्रीय 'हीरो' के रूप में स्थापित करने का काम करने से उन्होंने भी बचने का काम किया तो कुछ ऐसे हैं जो देश के इतिहास के इन महानायकों को अतीत की विस्मृतियों में ही दबाए रखना चाहते हैं। देश की राष्ट्रीय एकता और अखंडता के लिए काम करने वाले लोगों को इतिहास के उन अनेकों नायकों को राष्ट्रीय स्तर पर पूजनीय बनाना ही पड़ेगा, जिन्होंने समय-समय पर इस देश की वास्तविक सीमाओं की रक्षा के लिए कार्य किया। 'मुद्दों को उठाओ और उन्हें भूल जाओ' की नीति से अब पल्ला झाड़ने का समय आ गया है।

अपने अस्तित्व के लिए समर्पित होकर काम करने की आवश्यकता है। हिंदू को अपने इतिहासनायकों को मरने नहीं देना है। चाहे जितने षडयंत्र कुचक्र रचे जाएं और हिंदू को उन सबसे सावधान रहकर अपने अतीत की छाया में वर्तमान का निर्माण कर भविष्य को उज्जवल बनाने की दिशा में काम करना चाहिए।

अध्याय - 11

असम सरकार का साहसिक निर्णय

हिन्दू अस्तित्व के लिए जब चारों ओर से खतरे खड़े हों और सांप्रदायिक शक्तियां भारत को मिटाने की कोशिशों में लगी हों, इतना ही नहीं राजनीति भी जब धर्मनिरपेक्षता के कुहासे में उलझ कर मार्ग भटक चुकी हो, तब कहीं-कहीं से ऐसे उत्साहवर्धक समाचार भी आते हैं जो मन को प्रसन्न कर देते हैं। ऐसा ही एक निर्णय असम सरकार ने लिया है।

असम सरकार ने देश के पंथनिरपेक्ष लोकतांत्रिक स्वरूप को बचाए रखने के लिए फिर एक ऐतिहासिक निर्णय लिया है। अभी तक की कांग्रेसी और सेकुलर सोच रखने वाली राजनीतिक पार्टियों की परंपरा से हटकर असम सरकार ने निर्णय लिया है कि असम में सरकारी मदरसों को बंद किया जाएगा। बात साफ है कि ये सरकारी मदरसे देश के लोकतांत्रिक पंथनिरपेक्ष स्वरूप को भी नष्ट करने का कार्य कर रहे थे। क्योंकि उनसे सांप्रदायिक शिक्षा को प्रोत्साहित किया जा रहा था। जिससे एक वर्ग का अनावश्यक तुष्टिकरण हो रहा था और वह अन्य संप्रदायों को मसलने में सफल होता जा रहा था।

इसी कार्य के लिए असम सरकार ने विधानसभा का तीन दिवसीय सत्र आहूत किया है। जिसमें सरकारी मदरसों को मिलने वाली सहायता को निरस्त करने का विधेयक प्रस्तुत किया गया है। इसके लिए आसाम के शिक्षा मंत्री हिमांत विश्व शर्मा निश्चय ही बधाई और अभिनंदन के पात्र हैं। क्योंकि उन जैसी इच्छा शक्ति रखने वाले राजनीतिज्ञ इस समय देश में कम हैं, अधिकतर मुस्लिम तुष्टिकरण की बात करने वाले राजनीतिक लोग हैं। जिन्हें देश के भविष्य से कुछ लेना देना नहीं है। बहुत कम लोग ऐसे हैं जो श्री शर्मा जैसी सोच रखते हैं और वे देश के भविष्य को देखकर निर्णय लेते हैं।

इस संबंध में असम के शिक्षा मंत्री श्री शर्मा ने ट्वीट करते हुए कहा स्पष्ट किया था कि "मैं आज मदरसे के प्रांतीयकरण को निरस्त करने के लिए विधेयक पेश करूँगा। एक बार विधेयक पारित होने के बाद असम सरकार द्वारा मदरसा चलाने की प्रथा खत्म हो जाएगी। इस प्रथा की शुरुआत स्वतंत्रता-पूर्व असम में मुस्लिम लीग सरकार द्वारा की गई थी।"

ज्ञात रहे कि यदि यह कानून लागू होता है तो सरकार के इस फैसले से राज्य के सभी सरकारी मदरसों और अरबी कॉलेजों को मिलने वाली सरकारी सहायता तुरंत प्रभाव से बंद कर दी जाएगी। इस प्रकार के निर्णय से देश में चल रहा मुस्लिम तुष्टिकरण का दौर भी कम होने की संभावना है। निश्चय ही मुस्लिम तुष्टिकरण की राजनीतिज्ञों की प्रवृत्ति ने देश को बहुत अधिक क्षति पहुंचाई है। जिसे लेकर लंबे समय से देश के राष्ट्रवादी बुद्धिजीवियों की ओर से चिंता प्रकट की जा रही थी। अब इस चिंता को मिटाने की दिशा में यदि असम सरकार आगे आ रही है तो निश्चय ही असम सरकार के इस ऐतिहासिक निर्णय का देश के राष्ट्रवादी बुद्धिजीवियों की ओर से स्वागत किया जाना अपेक्षित है। देश के तथाकथित धर्मनिरपेक्ष दलों और राजनीतिज्ञों की मुस्लिम तुष्टीकरण की इस प्रकार की नीति से देश के संविधान का पंथनिरपेक्ष स्वरूप भी प्रभावित हुआ।

असम सरकार के इस नए कानून से अगले शैक्षणिक सत्र से राज्य मदरसा बोर्ड को भंग कर दिया जाएगा और उसकी सभी शैक्षणिक गतिविधियों को माध्यमिक शिक्षा निदेशालय को हस्तांतरित कर दिया जाएगा। अब असम सरकार को अपने इस कानून के माध्यम से हिंदुओं की इस शिकायत को भी दूर करने का अवसर मिलेगा कि देश की सरकारें मंदिरों के चढ़ावे आदि पर तो ध्यान रखती हैं जबकि दरगाहों और मस्जिदों को इस प्रकार के चढ़ावे आदि से छूट दी जाती है। असम की सरकार से हमारा कहना है कि वह राज्य की सभी मस्जिदों और दरगाहों पर आने वाले चढ़ावे आदि पर ध्यान रखे और उस पैसे को जनहित के कार्यों पर वैसे ही खर्च करे जैसे हिंदुओं के मंदिरों से आने वाले चढ़ावे को खर्च किया जाता है।

मदरसों में मजहबी पाठ्यक्रम पढ़ाने वाले शिक्षकों को सामान्य विषयों को पढ़ाने के लिए प्रशिक्षित किया जाएगा। इसे लेकर राज्य के शिक्षा मंत्री शर्मा ने कहा था, "यह राज्य की शिक्षा प्रणाली को धर्मनिरपेक्ष बनाएगा। हम स्वतंत्रता पूर्व भारत के दिनों से इस्लामी धार्मिक अध्ययनों के लिए सरकारी धन का उपयोग करने की प्रथा को समाप्त कर रहे हैं। मदरसों को सामान्य स्कूलों में परिवर्तित कर दिया जाएगा।"

प्रदेश के मुख्यमंत्री सर्बानंद सोनोवाल निश्चय ही एक साहसिक नेतृत्व देने वाले मुख्यमंत्री सिद्ध हुए हैं। जिन्होंने इस महत्त्वपूर्ण राज्य में कई ऐतिहासिक काम कर अपने राष्ट्रवादी और मजबूत नेतृत्व का परिचय दिया है।

इस संदर्भ में हमें आसाम के शिक्षामंत्री श्री हिमांशु विश्व शर्मा द्वारा अक्टूबर में दिए गए उस बयान पर भी ध्यान देना चाहिए जिसमें उन्होंने कहा था कि असम में कुल 614 सरकारी और 900 निजी मदरसे हैं। सरकार इन संस्थानों पर प्रति वर्ष 260 करोड़ रुपए खर्च करती है। राज्य में लगभग 100 सरकारी संस्कृत टोल्स (संस्कृत विद्यालय) और

500 से अधिक निजी टोल्स हैं। सरकार प्रतिवर्ष मदरसों पर लगभग 3 से 4 करोड़ रुपए खर्च करती है और लगभग 1 करोड़ रुपए संस्कृत टोल्स पर खर्च करती है। असम के शिक्षा मंत्री ने बिना किसी लाग-लपेट के स्पष्ट शब्दों में कहा कि राज्य सरकार ने स्थिति का मूल्यांकन करते हुए फैसला किया है कि राज्य को सार्वजनिक धन के उपयोग से कुरान को पढ़ाना या उसका प्रचार नहीं करना चाहिए। आज के संदर्भ में किसी भी राजनीतिक व्यक्ति के लिए ऐसा निर्णय लेना साहसिक माना जाएगा। क्योंकि मुस्लिम तुष्टीकरण की नीति के चलते राजनीतिक लोगों के दिलोदिमाग पर तुष्टीकरण का पक्षाघात हुआ पड़ा है। जिसके कारण वह कुछ बोल नहीं पाते हैं। उन्होंने कहा कि राज्य द्वारा संचालित मदरसों के कारण कुछ संगठनों द्वारा भगवद गीता और बाइबल को भी स्कूलों में पढ़ाने की माँग की गई थी, लेकिन सभी धार्मिक शास्त्रों के अनुसार स्कूलों को चलाना संभव नहीं है। एआईडीयूएफ जैसी पार्टियों के विरोध के बावजूद शर्मा ने कहा था कि राज्य सरकार द्वारा लिए गए निर्णय को नहीं बदला जाएगा।

माना कि सभी धर्म ग्रंथों के आधार पर किसी भी राज्य सरकार का संचालन किया जाना संभव नहीं है परंतु इतना तो संभव है कि जो शिक्षाएं पंथनिरपेक्ष भारत के निर्माण में सहायक हों उन्हें वेद और अन्य वैदिक ग्रंथों से लेकर पाठ्यक्रम को सुरुचिपूर्ण और देशहितकारी बनाने का प्रयास किया जाना चाहिए।

वेद की सारी शिक्षाएं पंथनिरपेक्ष शिक्षाएं हैं। वह किसी भी संप्रदाय को या किसी भी प्रकार की सांप्रदायिक सोच को प्रोत्साहित नहीं करतीं। इसलिए हमारे महान पूर्वजों के विचारों को और उनके व्यक्तित्व व कृतित्व को स्पष्ट करने वाले साहित्य को विद्यालयों के पाठ्यक्रम में सम्मिलित किया जाना निश्चय ही देश के संविधान की मूल आत्मा के अनुरूप होगा। क्या ही अच्छा हो कि आसाम सरकार इस ओर भी साहसिक पहल करते हुए अन्य राज्य सरकारों के लिए अनुकरणीय उदाहरण प्रस्तुत करे।

देश के सभी प्रांतों की सरकारों को असम सरकार के इस प्रकार के साहसिक निर्णय का अनुकरण करना चाहिए। स्पष्ट और राष्ट्रहित में उचित नीति का पालन करते हुए राजनीतिक स्वार्थों को तिलांजलि देकर जब सरकारें इस प्रकार के कार्य करने लगेंगी तो इसके परिणाम बहुत सार्थक आएंगे। जिससे हिंदू उपस्थिति को भी सुरक्षा कवच प्राप्त होगा।

अध्याय - 12

गायत्री मंत्र में राष्ट्रवाद और हमारे नेता

26 जनवरी, 2021 को जब राष्ट्र अपना 72वां गणतंत्र दिवस मना रहा था, तब किसान के रूप में राष्ट्र विरोधी शक्तियों ने जो तांडव देश की राजधानी दिल्ली में मचाया वह बहुत ही शर्मनाक था। राष्ट्र विरोधी शक्तियों की सोच थी कि प्रधानमंत्री श्री मोदी इन तथाकथित किसानों पर लाठी प्रहार करवाएं और इनमें से कुछ किसान मारे जाएं तो आने वाले वर्षों में मोदी सरकार को बदनाम करने के लिए गणतंत्र दिवस के स्थान पर 'शोक दिवस' मनाया जाना आरंभ किया जाए, लेकिन हमारे सुरक्षा बलों ने राष्ट्र विरोधी शक्तियों की इस प्रकार की सोच को फलीभूत नहीं होने दिया। इसके लिए उनके धैर्य, संयम और समझदारी की जितनी प्रशंसा की जाए, उतनी कम है। यह उनकी कायरता नहीं बल्कि वीरता थी कि उन्होंने उपद्रव को उस सीमा तक भी सहन किया जिसमें उनकी जान के लिए गंभीर खतरा बिल्कुल सामने खड़ा दिखाई दे रहा था। दिल्ली के उच्च पदस्थ अधिकारी ने टीवी चैनल पर आकर यह कहा कि हम चाहते तो आधे घंटे में उपद्रवियों को शांत कर सकते थे, पर हमने ऐसा किया नहीं।

देश का विपक्ष इस समय उस कम्युनिस्ट विचारधारा से प्रभावित हो चुका है जो भारत में लाल झंडे को फहराने के लिए राष्ट्र विरोध की हर सीमा को लांघ सकती है। काँग्रेस इस समय देश और समाज के नेतृत्व करने की स्थिति में नहीं है, बल्कि वह स्वयं भी कम्युनिस्टों के नेतृत्व को स्वीकार करती हुई दिखाई दे रही है। इसलिए हिंदू अस्तित्व को मिटाने के लिए कांग्रेस और कम्युनिस्ट दोनों एक हुए दिखाई दे रहे हैं। हिंदू विरोध का अभिप्राय राष्ट्रद्रोह है और राष्ट्रवाद का अभिप्राय हिंदू विरोध है।

यही कारण है कि इस समय राष्ट्र विरोधी शक्तियां जितना भी अधिक नंगा नाच कर सकती हैं, उतना करने देने का समर्थन विपक्ष उन्हें देता हुआ दिखाई दे रहा है। यह ऐसे ही नहीं है कि किसानों के इस तथाकथित आंदोलन के पीछे देश की विभाजनकारी शक्तियों का पूरा सहयोग है। जहाँ खालिस्तान समर्थक लोग इस आंदोलन को समर्थन दे रहे हैं, वहीं

जो लोग अभी तक 'भारत तेरे टुकड़े होंगे - इंशा अल्लाह इंशा अल्लाह'' - का नारा लगा रहे थे वह सब भी इस आंदोलन में दिखाई दिए हैं। यहां तक कि जो लोग कुछ समय पहले राष्ट्र विरोधी कृत्य करते हुए शाहीन बाग में धरने पर बैठे थे उनके चेहरे भी यहां दिखाई दिए हैं। यह सारे के सारे लोग हिंदू विरोध, राष्ट्रविरोध और देश विरोध की गतिविधियां करते रहे हैं।

कम्युनिस्टों के बारे में हमें ये समझना चाहिए कि यह वही लोग हैं जिन्होंने 1962 में चीन के आक्रमण के समय चीन के नेता माओ को अपना राष्ट्रपति कहा था और भारत के प्रधानमंत्री नेहरू को प्रधानमंत्री मानने से इनकार कर दिया था। इतना ही नहीं, नेताजी सुभाष चंद्र बोस को 'तोजो का कुत्ता' कहने वाले कम्युनिस्टों ने उस समय चीन की सेनाओं का स्वागत करते हुए उनका मार्गदर्शन करना भी आरंभ कर दिया था। कुछ वही स्थिति इस समय दिखाई दी है।

जब पूरी सुनियोजित योजना के अंतर्गत दिल्ली के लाल किले पर झंडा फहराने के लिए राष्ट्र विरोधी शक्तियों को प्रोत्साहित किया गया। सारी दुनिया ने भारतवर्ष के इस शर्मनाक दृश्य को देखा है और कम्युनिस्ट संसार को यही दिखाना चाहते थे कि इस समय मोदी के विरोध में सारा देश सड़कों पर आ गया है। गणतंत्र दिवस की वजह से विश्व की मीडिया की नजरें भारत के राजपथ पर थीं और राष्ट्र विरोधी शक्तियों ने इसी बात को समझ कर 26 जनवरी का दिन निश्चित किया था। 26 जनवरी के दिन सारे संसार की मीडिया का ध्यान भारत की ओर रहता है क्योंकि यह दिन भारत का गणतंत्र दिवस होता है। ऐसे में भारत के गणतंत्र दिवस पर होने वाली राजपथ की परेड की बजाय उस पर यदि किसानों के ट्रैक्टर उधम मचाते दिखाई दें या किसान लालकिले की प्राचीर पर झंडा फहराते दिखाई दें तो स्वाभाविक है कि सारी दुनिया इस दृश्य को अवश्य देखेगी। यही कारण रहा कि अंतरराष्ट्रीय स्तर पर सक्रिय भारत विरोधी संगठनों और शक्तियों ने इस अवसर का लाभ लेने का भरपूर प्रयास किया। धर्मनिरपेक्ष हिन्दू चाहे इस सारे छल, घात-प्रतिघात को न समझ पाया हो परंतु थोड़ा सा भी जागरूक हिंदू इस खेल के 'सच' को समझ गया। वह यह भी जान गया कि यदि यह खेल सफल हो गया तो भारत से हिंदू समाप्त हो जाएगा।

जो लोग अभी तक भी यह मान रहे थे कि जो लोग दिल्ली के लाल किले में घुसे और जिन्होंने किले की प्राचीर पर अपना झंडा फहराया वह किसान थे उन्हें अब इन तथाकथित किसानों को खालिस्तानी मानकर इनकी पीठ थपथपाने वाले और किले पर झंडा फहराने वाले को इनाम देने की घोषणा करने वाली शक्तियों की पोल खुलने पर यह पता चल गया होगा कि यह लोग कौन थे?

इन राष्ट्र विरोधी और देशद्रोही लोगों के विषय में मैं सोच रहा था कि भारत के लोग

गायत्री मंत्र का जाप करते हैं और बड़ी से बड़ी विनाशकारी शक्तियों का विनाश इस मंत्र के माध्यम से करने की बात कहते हैं तो गायत्री मंत्र में ऐसी कौन सी शक्ति है जिससे ऐसी राष्ट्र विरोधी शक्तियों का भी विनाश हो सकता है? इस पर यदि चिंतन करें तो निश्चय ही हमें इस मंत्र के माध्यम से ऐसी शक्तियों का विनाश करने की असीम ऊर्जा प्राप्त होती है। आइए, तनिक विचार करें कि गायत्री मंत्र इस संबंध में क्या कहता है :-

ओ३म – ईश्वर का निज नाम। सर्वोत्पादक, सर्वहितकारी, न्यायकारी, अजन्मा, अनंत आदि जिसके विशेषण है।

भूः – जगत का उत्पत्तिकर्त्ता। इंग्लिश में जिसको जनरेटर कहते हैं। परमेश्वर की इस शक्ति का नाम ब्रह्मा है। घर में यह स्थान माता का है। राष्ट्र में यह स्थान राष्ट्रपति का या विधायिका का है।

भुवः – संसार का पालन पोषण वृद्धि और विकास करने वाला होने से परमपिता परमेश्वर को दु:खहर्ता कहा जाता है। इसी शक्ति का नाम विष्णु है। घर में इसे पिता के रूप में देख सकते हैं। इंग्लिश में इसी को ऑपरेटर कहते हैं। राष्ट्र में यह स्थान प्रधानमंत्री का या कार्यपालिका का है।

स्वः – सुखों का दाता होने से परम पिता परमेश्वर का नाम सुख प्रदाता भी है। इसी शक्ति का नाम महेश है। संसार में इसे गुरु के नाम से भी समझ सकते हैं। इंग्लिश में डिस्ट्रॉयर कहा जाता है। क्योंकि गुरु हमारे सभी दुर्गुणों का संहार करता है। राष्ट्र में यह स्थान हमारे प्रधान न्यायाधीश का है या न्यायपालिका का है। जो अपनी न्यायकारी शक्तियों से उन लोगों को दंडित करता है जो संविधान विरोधी और कानून विरोधी कार्य करते हैं, अर्थात एक प्रकार से उनका संहार करता है। देश के प्रधान न्यायाधीश को यह भी देखना चाहिए कि जो लोग इस देश की आम सहमति अर्थात हिंदू का विरोध करते हैं या उनके संहार की योजना बनाते हैं या उनके अस्तित्व के लिए किसी भी प्रकार का संकट खड़ा करते हैं उनके विरुद्ध भी कठोर से कठोर कानून कार्यवाही होनी चाहिए।

इंग्लिश में इन्हीं तीनों शब्दों अर्थात जनरेटर ऑपरेटर और डिस्ट्रॉयर के शुरुआती अक्षरों को लेकर जी ओ डी – गॉड बना दिया। गॉड वास्तव में 'ओ३म' का ही स्वरूप है। जो ईश्वर की ब्रह्मा विष्णु महेश तीन शक्तियों का प्रतीक है।

विधायिका कार्यपालिका और न्यायपालिका जब अपने–अपने कर्तव्य धर्म को समझ लेती हैं अर्थात 'भू: भुव: स्व:' के अनुसार कार्य करने लगती हैं तो राष्ट्र 'एकत्व' की प्राप्ति की साधना में लीन हो जाता है। इससे राष्ट्रीय एकता और अखंडता को शक्ति प्राप्त होती है। लोगों की एकत्व की साधना का अभिप्राय है कि वे 'एक देव- एक देश' के उपासक बन जाते हैं। अनेकता एकता में समाविष्ट होती चली जाती है और राष्ट्र की सारी सकारात्मक

शक्तियों का विकास होने लगता है।

तत्सवितुर्वरेण्यं भर्गो देवस्य धीमहि :-

उस परमपिता परमेश्वर के (जिसके ऐसे–ऐसे उपरोक्त लिखित गुण हैं) हम वरणीय तेज स्वरूप का ध्यान करते हैं। तेज स्वरूप का अर्थ है कि वह शत्रुओं का नाश करने वाला है। हम भी ऐसे हों कि जो लोग हमारे शत्रु हैं, हमारी संस्कृति के, हमारे धर्म के, हमारे देश के, हमारे राष्ट्र के और हमारे समाज के शत्रु हैं, उनका संहार करने की शक्ति हमारे पास हो।

ईश्वर के वरणीय तेजस्वरूप का ध्यान करने से हमें जिस ऊर्जा की प्राप्ति होती है उससे हम ऐसे-ऐसे हथियारों, अस्त्र शस्त्रों का निर्माण करने में सक्षम और समर्थ होते हैं जिनसे शत्रुओं का विनाश हो सके। इस प्रकार परमपिता परमेश्वर का वरणीय तेजस्वरूप हमको वैज्ञानिक उन्नति करने और सैन्य संगठन को मजबूत करने की प्रेरणा देता है। जिससे विनाशकारी शक्तियां या राष्ट्रद्रोही और समाजद्रोही शक्तियां समाज में कभी विकसित न होने पाए। स्मरण रहे कि जो हथियार आपके हाथ में होकर भी शत्रु का संहार न कर सके वह निरर्थक है।

वेद का यह गायत्री मंत्र राष्ट्रवासियों और राष्ट्रप्रेमियों को यह संदेश देता है कि अपने पौरुष और पराक्रम का ध्यान करते हुए ईश्वर के तेज स्वरूप को अपने भीतर अनुभव करो और उस शक्ति अनुसंधान पर निरंतर कार्य करते रहो जिसके अपनाने से आपके राष्ट्र में उपद्रवी, उग्रवादी, उत्पाती और राष्ट्रद्रोही लोग कभी सिर न उठा सकें।

जब हमारे देश में इस प्रकार की गायत्री साधना का लोप हो गया और तो हम तेजहीन और पराक्रमहीन होते चले गए। देश अंत में गुलाम हो गया। पिछले 70 – 75 वर्षों में हमें धर्मनिरपेक्षता की भांग पिलाकर सुला दिया गया है और कहा गया है कि हिंदुत्व उदार होता है, वह शत्रु को अपना कलेजा भी खा लेने देता है। धर्मनिरपेक्षता की इस तथाकथित उदारता ने हमको फिर तेजहीन और पराक्रमहीन कर दिया है। जिससे देश विरोधी शक्तियां समाज में यत्र तत्र सर्वत्र सिर उठाती हुई दिखाई देती हैं। फिर कुछ ऐसे राष्ट्रद्रोही राक्षस इस देश में पैदा हो गए हैं जो विदेशी शक्तियों तक को आमंत्रित कर देश को कमजोर करने की गतिविधियों में लगे हुए हैं। उन सबके विनाश के लिए गायत्री साधना करते हुए सारे राष्ट्र को उठ खड़ा होना होगा।

धियो यो नः प्रचोदयात् :-

हे परमपिता परमेश्वर अपने ऐसे तेज स्वरूप को हमें प्रदान करके हमारी बुद्धियों को आप सन्मार्ग में प्रेरित करो। हम अपने धर्म, संस्कृति, इतिहास, समाज और समाज की अच्छी मर्यादाओं, अच्छे गुणों के प्रति समर्पित रहकर दिव्यता को धारने वाले बनें।

ध्यान रहे कि वेद के मंत्रों में राष्ट्रबोध अनिवार्य है। उसकी प्रार्थनाओं में सामूहिकता

है। सबको साथ लेकर चलने की उत्कृष्ट भावना है। सबको साथ लेकर चलने की प्रार्थना तभी सार्थक हो सकती है जब सब मिलकर उन राष्ट्र विरोधी तत्वों का विनाश करने के लिए भी कटिबद्ध हों, जो किसी भी प्रकार से राष्ट्र के शांत जनों की शांति को भंग करते हैं।

आजादी के बाद देश के वैदिक आदर्शों और मान्यताओं को ताक पर रखने की नेताओं ने मूर्खता की। छद्म धर्मनिरपेक्षता के नाम पर उन्होंने राष्ट्र को खंड-खंड करने के लिए देश में बहुदलीय शासन व्यवस्था लागू की। आज जितने भी राजनीतिक दल हैं ये सारे के सारे मध्यकालीन आक्रमणकारियों की उन आक्रमणकारी सेनाओं का ध्यान दिलाते हैं जो इस देश को लूटने के लिए अलग-अलग मोर्चों पर खड़ी हुई थीं। ये सारे देश के लुटेरे हैं। जिनका ध्यान केवल देश की धन संपत्ति को लूटने पर है। इनकी सोच में, चिंतन में और कार्यशैली में विखंडन है। एकत्व की साधना का बोध कहीं से दिखाई नहीं देता। यही कारण है कि देश में विनाशकारी राष्ट्रद्रोही शक्तियां दिन-प्रतिदिन बढ़ती जा रही हैं। क्योंकि ये राजनीतिक दल और उनके नेता ऐसी शक्तियों को अपने-अपने स्वार्थ के लिए प्रोत्साहित करते हैं।

26 जनवरी, 2021 को देश की राजधानी में तथाकथित किसानों की ओर से जो कुछ हुआ और जिस प्रकार उग्रवादी लालकिले की प्राचीर तक पहुंचने में सफल हुए, उसमें देश की सारी राजनीति नंगी हो गई है। संभवत: राजनीति के नंगे सच को देखकर ही इसे कुछ लोगों ने 'वेश्या' तक कहा है।

जैसे वेश्या हर हालत में केवल अपने ग्राहक पटाती है और उसे ही अपना धर्म समझती है, वैसे ही राजनीति भी हर हालत में आग लगाने का काम करती है और इस आग लगाने को ही अपना धर्म समझती है।

इस सबके बीच हिंदू को यह समझ लेना चाहिए कि देश की राजनीति का जितना पतन हो रहा है या लाल किले की प्राचीर पर जो कुछ हो चुका है, वह सब इस देश की 'मुख्य सहमति' अर्थात हिंदू को ही नष्ट करने के लिए किया जा रहा है। ऐसे में 'हिंदू' को मजबूत होना होगा। सामूहिक चेतना को जागृत करने और बनाए रखने के लिए जातिवाद, क्षेत्रवाद, भाषावाद आदि से ऊपर उठकर अपने अस्तित्व के लिए सोचना समय की माँग है।

अध्याय -13

पी. एन. ओक का लेखन और ताजमहल

भारतवर्ष में हिंदू राजाओं, सम्राटों या शासकों के द्वारा बनाए गए ऐसे अनेकों ऐतिहासिक राजभवन किले हैं जिन्हें मुस्लिम शासकों द्वारा अपने शासनकाल में जबरन कब्जा कर लिया गया और उन पर अपना नाम अंकित करा दिया गया या इतिहास में यह लिखा दिया गया कि यह एक ऐतिहासिक भवन या इमारत अमुक मुस्लिम शासक ने अमुक समय में बनवाया था। आगरा का ताजमहल इसका सबसे उत्तम उदाहरण है।

पुरुषोत्तम नागेश ओक जी के माध्यम से हम अपने द्वारा संपादित इस लेख में इसी विषय पर विचार करेंगे कि क्या आगरा का ताजमहल वास्तव में मुगल बादशाह शाहजहां द्वारा बनवाया गया था?

इस संबंध में मुगल बादशाह शाहजहां स्वयं ही बड़ी स्पष्ट बात कहता है कि "रानी का स्वर्गवास बुरहानपुर में हआ था तथा उसे वहीं दफना दिया गया था। बाद में उसका शव अकबराबाद (आगरा) लाया गया एवं उसे राजा मानसिंह के भव्य भवन में, जो उस समय उनके नाती राजा जयसिंह के स्वामित्व में था, दफना दिया गया था।"

भवन के बारे में वह बताता है कि वह भव्य-भवन विशाल फलदार वृक्षों से घिरा गगनचुम्बी है एवं उसके ऊपर गुम्बज है। इस सारे वर्णन में शाहजहाँ न तो भवन तोड़ने की बात कहता है और न ही किसी प्रकार के नये निर्माण की ही। वह तो बिना लाग-लपेट स्पष्ट कहता है राजा जयसिंह से भवन लेकर उसमें रानी के शव को दफनाया था।

जब बादशाह ने स्वयं इतनी स्पष्टता के साथ यह स्वीकार किया है कि आगरा का ताजमहल उसके स्वयं के द्वारा बनवाया गया नहीं है बल्कि वह एक हिंदू भवन है तो फिर इसे जबरन शाहजहां के नाम पर आज तक क्यों थोपा जा रहा है कि यह उसी ने बनवाया था?

पुरुषोत्तम नागेश जी का हम सब पर भारी ऋण है जिन्होंने इन सभी प्रश्नों का बड़ी

गंभीरता से शोध पूर्ण उत्तर देने का प्रयास किया है। उनके साहित्य का यदि अवलोकन किया जाए तो पता चलता है कि मुगल बादशाह बाबर अपनी दैनिकी लिखता था, जिसमें वह प्रत्येक दिन की घटित घटनाओं का सटीक वर्णन लिखता था। जब वह भारत आया तो यहाँ पर उपलब्ध सब्जियों-फलों के नाम तथा भाव, अपने देश से उनकी तुलना आदि उसने सभी कुछ लिखा है। यह पुस्तक "बाबरनामा" कहलाई। इसी प्रथा को आगे बढ़ाया अकबर, जहाँगीर तथा शाहजहाँ ने, परन्तु थोड़ा बदल कर। उन्होंने स्वयं न लिखकर अपने दरबार में एक विद्वान को इतिहास लेखन के लिये नियुक्त किया, जिन्होंने इन बादशाहों के काल में घटित घटनाओं का कहीं सत्य तथा कहीं अतिरंजित वर्णन किया। क्योंकि स्पष्ट है कि निष्पक्ष इतिहास लेखन इनका विषय न होकर अपने शाह का चरित्र ऊँचा दिखाना और उसे प्रसन्न रखना ही इनका इष्ट था। इस प्रकार दरबारी भाँडों, भाटों एवं चारणों में तथा इनमें मात्र इतना ही अन्तर था कि इनका पद गरिमामय था तथा इनकी भाषा साहित्यिक थी। अस्तु, हमको इस अतिरंजना से बचते हुए सत्यान्वेषण करना है।

अकबर के काल में "आइन-ए-अकबरी' एवं जहाँगीर के काल में 'तुजुक-ए-जहाँगीरी' लिखी गईं। जब शाहजहाँ सत्तारूढ़ हुआ तो उसे भी एक ऐसे ही विद्वान की आवश्यकता हुई जो दरबार में इस पद को संभाले। उस समय पटना में मुल्ला अब्दुल हमीद लाहोरी अपने अवकाश के दिन व्यतीत कर रहे थे। उन्हें सादर दरबार में बुलाया गया तथा इस कार्य पर नियुक्त किया गया। मुल्ला ने 1600 पृष्ठों में शाहजहाँ काल के पहले 20 वर्षों का इतिहास लिखा है, जिसका नाम 'बादशाहनामा' रखा गया। मुल्ला का मूल लेखन फारसी में है तथा इसका सर्वप्रथम प्रकाशन बंगाल की रॉयल एशियटिक सोसायटी द्वारा सन् 1867 में किया गया था। इसके मुख्य सम्पदक थे मेजर डब्ल्यू. एन. लीसे तथा सम्पादक मण्डल में थे मौलवी कबीर अलदीन तथा मौलवी अब्द-अल-रहीम। संयोग देखिये दो मुस्लिम और एक ईसाई। आइये देखें, इस पुस्तक में मुल्ला अब्दुल हमीद लाहोरी ताजमहल के बारे में क्या लिखता है?

"बादशाहनामा" का छानबीन

बादशाहनामा तीन खण्डों में है, इस 1600 पृष्ठों के महाग्रन्थ में ताजमहल के बारे में मात्र एक दो-पृष्ठ ही लिखे गऐ हैं। जिस ताजमहल के बारे में संसार भर में सैकड़ों लेखकों, कवियों और इतिहासकारों ने लाखों पृष्ठ लिख डाले, यदि उसे शाहजहाँ ने बनाया होता तो क्या लाहोरी स्वयं उसका अतिरंजित वर्णन नहीं करता? जैसा कि पराकालीन लेखकों ने लिखा है। क्या समकालीन मुल्ला स्वयं नहीं लिख सकता था कि सारे संसार से अभिकल्प (डिजायन) मँगाये गये, पर शाहजहाँ को कोई नहीं भाया, फिर एक भा गया। किस-किस प्रकार से मूल्यवान पत्थर कितनी मात्रा में तथा किस भाव में मँगाये गये थे,

आदि। बादशाहनामा में यह भी लिखा होता कि इस भवन की नींव कब रखी गई, कितने दिनों में यह तैयार हुआ एवं इसमें कितने मजदूरों- कारीगरों आदि ने कार्य किया था।

बादशाहनामा के प्रथम खण्ड के पृष्ठ 402 पर 22 पंक्तियाँ लिखी गई हैं, इनमें से प्रथम 20 पंक्तियों में जिस घटना का वर्णन है, उसका सम्बन्ध ताजमहल से नहीं है। पंक्ति क्र. 21 तथा 22 एवं पृष्ठ 403 की 19 पंक्तियों में इस घटना का पूर्ण एवं रोचक वर्णन किया गया है। यहाँ पर पहले मूल फारसी पाठ को नागरी लिपि में दे रहा हूँ। उर्दू के जानकार पाठक उससे कुछ अनुमान लगा सकेंगे। तत्पश्चात् उसका हिन्दी रूपान्तर पाठकों के हित के लिये दे रहा हूँ। हिन्दी अनुवाद अंग्रेजी लेख को देखकर किया गया एवं हिन्दी में ऐसा प्रथम प्रयास है, अस्तु। सम्भव है किसी स्थल पर उपयुक्त शब्द न लिखा गया हो। यदि पाठकगण ऐसी किसी भूल को इंगित करेंगे तो आभारी रहूँगा।

'बादशाहनामा' पृष्ठ 402 की अन्तिम 2 पंक्तियां-

21. रोज़ ए जुमा हफ्दहूम जमाद इल अव्वल नाशे मुक़द्दसे मुसाफिरे अक्लीमे।
22. मुकद्दुस हज़रत मेहद आलिया मुमताज़ उजजमानीरा केह बा तारीक ए अ अमानत मुदाफून।

हिन्दी अनुवाद (पृष्ठ 402 बादशाहनामा)

21. शुक्रवार 17 जमादिल अव्वल साम्राज्य की यात्री का वह पवित्र शव।
22. पाक हजरत मुमताज़ उल ज़मानी का जो अस्थायी रूप से दफनाया गया था, को भेजा गया।

बादशाहनामा पृष्ठ 403 की प्रथम 19 पंक्तियाँ

1. बूद मसाहूब ए बादशेहजादए नामदार मुहम्मद शाह शुजा बहादुर अ वजीर खान
2. वा सती उन्निसा खानम केह बा मिज़ाज़शानासी वा कारदानी बा दारजा ए आओलई पेश
3. दास्ती व वकालत एलान मालिके जहान मलिकाए जहानियान रसीदेह बूद, वाने-ए
4. दारुल खलाफाएं अकबराबाद नामूदन्द वा हुक्म शुद केह हर रोज़ दर राह आश ए बिसीयार
5. वा दाराहीम व दानानीरे बेशुमार बा फुक़्रा वा नयाज़मदान बीबीहन्द, वा जमीने दर
6. निहायत रिफात वा निजाहत केह जुनूबरू ए आन मिस्र जामा अस्त वा
7. पेश अज़ ऐन मंज़िल ए राजाह मानसिंह बूद वदारी वक्त बा राजाह जयसिंह
8. नबीर ए ताल्लुक दश्त बारा-ए-मदफान ए आन बहिश्त मुवात्तन बार गुज़ीदन्द
9. अगर चेह राजा जयसिंह हुसूल ए ऐन दावलातरा फोज़े अज़ीम दानिश्त अनमाब
10. अज़रू ए एहतियात के दर जमीय ए शेवन खुसूसन उमूरे दीनीएह नागुजिर अस्त

11. दर अवाज़ आन आली मज्जिल ए अज़ खलीसा ए शरीफाह बद् मरहत फरमूदन्द
12. बाद अज रसीदाने नाश बा आन शहर ए करामत बहर पंजदहून ज़मादी उस् सानी एह।
13. सालए आयन्देह पैकारे नूरानी ए आन आसमानी जौहर बा खाके पाक सिपुर्देह आमद
14. सालए आयन्देह पैकारे नूरानी ए आन आसमानी जौहर बा खाके पाक सिपुर्देह आमद
15. वा मुतसद्दीयान-ए-दारुल खिलाफाह बा हुक्मे मुअल्ला ए अजालातुल वक्त तुरबत ए फलक मरताबते
16. आनजहान इफ्फत्रा अज नज़र पोशीदन्द वा इमारते ए आलीशान वा गुम्बजे
17. रफी बुनियान केह ता रस्तखीज़ दर बलन्दी यादगारे हिम्मत ए गर्दून रिफात
18. हजरते साहिब करह ए सानी बाशेद वा दर उस्तुवारी नमूदारे इस्तीगमत
19. अजायम बनी तरह अफगन्दन्द वा मुहन्दिसाने दूरबीन बा मैमारान ए सानत
20. आफरीन चिहाल लाख रुपियाह अखरजते ऐन इमारत बर आवुर्द नमूनदन्द

हिन्दु अनुवाद (बादशाह नामा के पृष्ठ 403 का)

1. साथ में थे राजकुमार मुहम्मद शुजा बहादुर, वजीर खान।
2. और सती उन् निसा खानम जो परलोक गामिनी की प्रकृति से विशेष परिचित थी।
3. और अपने कर्त्तव्य में अत्यन्त निपुण थी तथा उस रानियों की महारानी के विचारों का प्रतिनिधित्व करती थी, आदि।
4. उसे (पार्थिव शरीर को) राजधानी अकबराबाद (आगरा) लाया गया और उसी दिन एक आदेश प्रसारित किया गया।
5. यात्रा के समय (मार्ग में) अनगिनत सिक्के फकीरों और गरीबों में बाँटे जाएं वह स्थल।
6. महान् नगर के दक्षिण में स्थित विशाल मनोरम रसयुक्त वाटिका (बाग) से घिरा हुआ, और
7. उसके बीच का वह भवन जो मानसिंह के महल के नाम से प्रसिद्ध था, इस समय राजा जयसिंह के स्वामित्व में था।
8. जो पौत्र थे, को रानी को दफपाने के लिये चुना गया जिसका स्थान अब स्वर्ग में था।
9. यद्यपि राजा जयसिंह इस अत्यन्त प्रिय पैत्रक सम्पत्ति को उपहार में दे सकते थे,
10. फिर भी अत्यन्त सतर्कता बरतते हुए जो धार्मिक पवित्रता तथा गमी के समय अति आवश्यक है।
11. उस महान भवन के बदले उन्हें सरकारी भूमि का एक टुकड़ा दिया गया।
12. जमादी उस सानी को उस महान् नगर में पार्थिव शरीर आने के बाद,
13. अगले वर्ष उस भव्य शव को पवित्र भूमि को सौंप दिया गया।
14. उस दिन राजकीय आदेश के अन्तर्गत राजधानी के अधिकारियों ने उस गगनचुम्बी बड़ी समाधि के अन्दर,

15. उस धार्मिक महिला को संसार की दृष्टि से छिपा दिया, उस महान भवन में जिस पर गुम्बज है।
16. जो अपने आकार में इतना ऊँचा स्मारक है, आकाश आयामी साहस।
17. साहिब क़रानी सानी (सम्राट) का और शकित में इतना पुष्ट।
18. अपने संकल्प में इतनी दृढ़-नींव रखी गई और दूरदर्शी ज्यामितिज्ञों और कुशल कारीगरों (द्वारा)
19. इस भवन पर चालीस लाख रुपये व्यय किये गये।

उपरोक्त लेख का सारांश निम्न प्रकार बनता है :-

'मुमताज़ उज ज़मानी का पार्थिव शरीर 17 जमादिल अब्बल को आगरा भेजा गया जो वहाँ पर 15 जमादिलसानी को पहुँचा था। शव को दफनाने के लिये जो स्थल चुना गया, वह नगर के दक्षिण स्थित राजा मानसिंह के महल के नाम से जाना जाता था। वह महल आकार में विशाल, भव्य, गगनचुम्बी गुम्बजयुक्त एवं बहुत विशाल बाग से घिरा था। अगले वर्ष राजाज्ञा से अधिकारियों ने शव को दफनाया। कुशल ज्यामितिज्ञों एवं कारीगरों को लगाकर (कब्र बनाने की) नींव डाली और इमारत पर 40 लाख रुपये व्यय हुआ।"

इससे निम्नलिखित तथ्य स्पष्ट उभर कर सामने आते हैं :–

1. रानी को राजा मानसिंह के महल में दफनाया गया था।
2. जिस महल में दफनाया गया था, उसके वर्णन में और आज के ताजमहल में विचित्र साम्य है, कोई अन्तर नहीं है।
3. महल को गिराने का कहीं वर्णन नहीं है।
4. (गिरा कर पुनः बनाया गया, ऐसा वर्णन न होने पर भी) जिस समय दफनाया गया था उस समय वह बड़ी समाधि गगनचुम्बी, महान एवं गुम्बज युक्त थी।
5. दफनाते समय शाहजहाँ उपस्थित नहीं था।
6. अगले वर्ष दफनाया गया था।

रानी की मृत्यु बरहानपुर में हुई थी तथा उसे वहीं दफना दिया गया था। उसे वहाँ से निकालकर आगरा इसलिये लाया गया होगा कि यहाँ पर कोई विशेष प्रबन्ध उसे दफनाने के लिये किया गया होगा। यदि विशेष प्रबन्ध नहीं था तो शव आगरा लाया क्यों गया था? कुछ दिन वहीं दफन रहने दिया होता। यदि आगरा शव आ ही गया था तो उसे तुरन्त दफना कर 10 वर्षों बाद भी 22 वर्ष तक समाधि बनाई जा सकती थी? क्या इससे यह स्पष्ट नहीं होता कि शव आने तक भवन उपलब्ध नहीं था अथवा उसमें आवश्यक फेर बदल किये जा रहे थे, क्योंकि भवन देर से उपलब्ध हो सका था।

पाठकगण ! एक बात पर और ध्यान दें कि शाहजहाँ अपनी परम प्रियरानी को दफन करने स्वयं नहीं आया था। 'बादशाहनामा' में स्वयं में यह पूरी घटना है। इसके आगे 10-12 या २२ वर्ष तक ताजमहल बनने का कोई विवरण नहीं है। लाहोरी के अनुसार अगले वर्ष दफ़न करने के साथ कब्र बनाई एवं काम पूरा हो गया। बाद में जो कुछ अन्य लेखकों द्वारा अन्यत्र लिखा गया, वह झूठ एवं कल्पना पर आधारित ही माना जाएगा। उसका समकालीन प्रमाण कोई उपलब्ध नहीं है।

यहां पर यह भी उल्लेखनीय है कि जिस विषय भोगी शाहजहां के हरम में हजारों महिलाएं रहती थीं, वहां पर उसका अपनी तथाकथित बेगम मुमताज से ही इतना असीम अनुराग था?- यह समझ नहीं आता। विषय भोगी, कामी, लंपट व्यक्ति यदि हजारों महिलाओं को रखता है तो उससे यह अपेक्षा नहीं की जा सकती कि वह किसी एक महिला या बेगम से अधिक प्यार करता होगा? इसलिए उससे यह उम्मीद नहीं की जा सकती कि मुमताज जैसी अपनी तथाकथित किसी बेगम के लिए इतना बड़ा महल बनवाता। इसके अतिरिक्त यह बात भी विचार करने योग्य है कि मुसलमानों की किसी भी कब्र के साथ महल शब्द लगा नहीं होता। महल किसी भवन का प्रतीक है और जब की कब्र किसी श्मशान की वीरानगी या सूनेपन का प्रतीक है। जिसमें महल शब्द कभी नहीं लग सकता।

ऐसे में केंद्र की मोदी सरकार को बहुत शीघ्र यह निर्णय लेना चाहिए कि वह आगरा के ताजमहल के विषय में सारी तथ्यात्मक जानकारी लेकर और विशेषज्ञों के द्वारा इसकी खुदाई आदि कराकर के फिर इसे हिंदू भवन घोषित करे और स्कूली पाठ्यक्रम में किसी मुगल बादशाह के द्वारा इसे निर्मित न दिखाकर राजा मानसिंह व जयसिंह को इसका श्रेय दिया जाए।

वास्तव में देश में हिंदू सम्राट और राजाओं के द्वारा बनाए गए ऐतिहासिक दुर्गों, भवनों आदि को कब्जा कर उन्हें विदेशी आक्रमणकारियों के द्वारा बनाया गया दिखाया जाना भारत पर और विशेष रूप से हिंदू के अस्तित्व को मिटाकर उस पर किया गया बौद्धिक और सांस्कृतिक आक्रमण है। जिसे गहराई से समझने की आवश्यकता है। इतने सारे प्रमाणों के रहते केंद्र सरकार या प्रदेश सरकार को ताजमहल के सच को लोगों के सामने लाने निर्णय लेना चाहिए।

देश के हिंदू समाज को भी इन बातों के प्रति सजग और जागरूक होना चाहिए, अन्यथा वह म्यूजियम की वस्तु बनकर रह जायेगा।

अध्याय -14

राहुल गांधी की हिन्दू विरोधी राजनीति

अधर्म, अनीति और हिंदू विरोधी मर्यादाहीनता इस समय भारतीय राजनीति का एक अनिवार्य अंग बन गया लगता है। मर्यादाओं को तोड़ना और मर्यादाहीन होकर उच्छृंखल आचरण करना भी हमारे नेताओं या जनप्रतिनिधियों को असंवैधानिक और नैतिक नजर नहीं आ रहा है। इसका परिणाम क्या होगा? संभवत: इस प्रश्न का उत्तर हमारे नेता नहीं जानते। पर यदि अपने शास्त्रों की दृष्टि से देखा जाए तो इस आचरण के अवश्यंभावी परिणाम के विषय में यह कहा जा सकता है कि जैसा राजा होता है वैसी प्रजा हो जाती है। कहने का अभिप्राय है कि आज के जनप्रतिनिधियों के उच्छृंखल असंवैधानिक और अनैतिक आचरण से जनता अराजकता के इन गुणों को स्वयं भी धारण करने लगती है। जिससे राष्ट्र की सारी व्यवस्था उलट-पुलट हो जाती है। जब छोटे लोग देश के शासक को अनीतिपरक निर्णय लेने के लिए उकसाने लगते हैं तो 'महाभारत' होना निश्चित हो जाता है।

देश की संसद में देश की सबसे बड़ी पार्टी के नेता राहुल गांधी ने जिस प्रकार लोकसभाध्यक्ष की उपस्थिति में 2 मिनट का मौन रखने के लिए अपने लोगों को उकसाया और यह दिखाने का प्रयास किया कि लोकसभाध्यक्ष के रहते भी वह अनैतिक, असंवैधानिक और अमर्यादित आचरण करने को अपना अधिकार मानते हैं, उसने हमें बहुत कुछ सोचने के लिए विवश कर दिया है।

माना कि कांग्रेस के नेता को विपक्ष की राजनीति करने के लिए अपना विरोध प्रकट करने का पूरा अधिकार है। उन्हें प्रधानमंत्री श्री मोदी का विरोध करने का भी अधिकार है, वह चाहे उनकी जितनी आलोचना कर सकते हैं, परंतु देश की संसद में बैठे लोकसभाध्यक्ष का और संसद की कार्यवाही का अपमान करना तो उनकी बुद्धि की कई परतों को खोलने के लिए पर्याप्त है। वह इस समय कम्युनिस्टों की कठपुतली बनकर ऐसी राजनीति पर उतर

आए हैं जो देश के शासकों और लोकतांत्रिक प्रतिष्ठानों में बैठे प्रतिष्ठित व्यक्तियों को उत्तेजित करें और वह उत्तेजना में कोई ऐसा निर्णय लें जिससे लोकतांत्रिक अव्यवस्था फैल जाए। महाभारत के युद्ध से पहले दुर्योधन ने भी अपने पिता धृतराष्ट्र को उकसाने के ऐसे ही कई कार्य किए थे।

महाभारत के 'सभा पर्व' में आता है कि दुर्योधन ने अपने पिता धृतराष्ट्र से कहा – पिताजी! जिसके पास अपनी बुद्धि नहीं है, जिसने केवल बहुत से शास्त्रों का श्रवण भर किया है, वह शास्त्र के तात्पर्य को नहीं समझ सकता, ठीक उसी तरह, जैसे कलछी दाल के रस को नही जानती। एक नौका में बँधी हुई दूसरी नौका के समान आप विदुर की बुद्धि के आश्रित है। जानते हुए भी मुझे मोह में क्यों डालते हैं, स्वार्थ साधन के लिये क्या आप में तनिक भी सावधानी नहीं है, अथवा आप मुझ से द्वेष रखते हैं। आप जिनके शासक हैं, वे धार्तराष्ट्र नहीं के बराबर हैं (क्योंकि आप उन्हें स्वेच्छा से उन्नति के पथ पर बढ़ने नहीं देते)। आप सदा अपने वर्तमान कर्तव्य को भविष्य पर ही टालते रहते हैं। जिस दल का अगुआ दूसरे की बुद्धि पर चलता है, वह अपने मार्ग में सदा मोहित होता रहता है। फिर उसके पीछे चलने वाले लोग अपने मार्ग का अनुसरण कैसे कर सकते हैं? राजन्! आपकी बुद्धि परिपक है, आप वृद्ध पुरुषों की सेवा करते रहते हैं, आपने अपनी इन्द्रियों पर विजय पा ली है, तो भी जब हम लोग अपने कार्यों में तत्पर होते है, उस समय आप हमें बार-बार मोह में ही डाल देते हैं। बृहस्पति ने राजव्यवहार को लोकव्यवहार से भिन्न बताया है, अत: राजा को सावधान होकर सदा अपने प्रयोजन का ही चिन्तन करना चाहिये। महाराज! क्षत्रिय की वृत्ति विजय में ही लगी रहती है, वह चाहे धर्म हो या अधर्म। अपनी वृत्ति के विषय में क्या परीक्षा करनी है? भरत कुलभूषण! शत्रु की जगमगाती हुई राजलक्ष्मी को अपने अधिकार में करने की इच्छावाला भूपाल सम्पूर्ण दिशाओं का उसी प्रकार संचालन करे, जैसे सारथि चाबुक से घोड़ों को हाँक कर अपनी रुचि के अनुसार चलाता है। गुप्त या प्रकट, जो उपाय शत्रु को संकट में डाल दे, वहीं शस्त्रज्ञ पुरुषों का शस्त्र है। केवल काटने वाला शस्त्र ही शस्त्र नहीं है। राजन्! अमुक शत्रु है और अमुक मित्र, इसका कोई लेखा नहीं है और न शत्रु मित्र सूचक कोई अक्षर ही है। जो जिसको संताप देता है, वही उसका शत्रु कहा जाता है। असंतोष ही लक्ष्मी की प्राप्ति का मूल कारण है, अत: मैं असंतोष चाहता हूँ। राजन् ! जो अपनी उन्नति के लिये प्रयत्न करता है, उसका वह प्रयत्न ही सर्वोत्तम नीति है। ऐश्वर्य अथवा धन में ममता नहीं करनी चाहिये, क्योंकि पहले की उपार्जित धन को दूसरे लोग बलात्कार से छीन लेते हैं। यही राजधर्म माना गया है। इन्द्र ने नमुचि से कभी बैर न करने की प्रतिज्ञा करके उस पर विश्वास जमाया और मौका देखकर उसका सिर काट लिया। तात! शत्रु के प्रति इसी प्रकार का व्यवहार सदा से होता चला आया है। यह इन्द्र को भी

मान्य है। जैसे सर्प बिल में रहने वाले चूहों आदि को निगल जाता है, उसी प्रकार यह भूमि विरोध न करने वाले राजा तथा परदेश में न विचरने वाले ब्राह्मण (संन्यासी) को ग्रस लेती है। नरेश्वर ! मनुष्य का जन्म से कोई शत्रु नहीं होता, जिसके साथ एक सी जीविका होती है, अर्थात जो लोग एक ही वृत्ति से जीवन निर्वाह करते हैं, वे ही (ईर्ष्या के कारण) आपस में एक दूसरे के शत्रु होते हैं, दूसरे नहीं।"

दिखने में तो यह सारे शब्द बहुत अच्छे लगते हैं, परंतु इनमें इतनी गहरी अनीति समाई हुई है कि जब यह फलीभूत हुई तो महाभारत का विनाशकारी युद्ध संसार को देखना पड़ा। राहुल गांधी की भाषा भी आज दिखने में अच्छी लग सकती है या उसे ऐसा कहा जा सकता है कि वह विपक्ष की रचनात्मक राजनीति कर रहे हैं ,परंतु सच यह है कि उनकी इस राजनीति में महाविनाशकारी अराजकता अब दिखाई देने लगी है।

राहुल गांधी धर्म विहीन अनैतिक राजनीति की संतान हैं। उसी का परिणाम है कि वह संसद की दीवारों पर लिखे उन श्लोकों की ओर संभवत: आज तक नहीं देख पाए हों जिनमें धर्म और नीति के संबंध को स्पष्ट किया गया है। उन्हें ज्ञात होना चाहिए कि धर्म को राजनीति ने भी स्वीकार किया है तभी तो संसद भवन की लिफ्ट संख्या 1 के निकटवर्ती गुम्बद पर महाभारत का यह श्लोक अंकित है:-

न सा सभा यत्र न सन्ति वृद्धा,
वृद्धा न ते ये न वदन्ति धर्मम्।
धर्म स नो यत्र न सत्यमस्ति,
सत्यं न तद्यच्छलमभ्युपैति। (महाभारत 5/35/58)

इस श्लोक का हिन्दी अनुवाद इस प्रकार है:-

"वह सभा नहीं है जिसमें वृद्ध न हों,
वे वृद्ध नहीं है जो धर्मानुसार न बोलें,
जहां सत्य न हो वह धर्म नहीं है,
जिसमें छल हो वह सत्य नहीं है।"

यदि राहुल गांधी इस बात पर विचार करते और संविधान निर्माताओं की उस भावना का सम्मान करते जिसके अंतर्गत उन्होंने संसद की मर्यादा को बनाए रखने के लिए लोकसभाध्यक्ष और राज्यसभा के सभापति का आसन स्थापित किया था तो वह सभा, सभापति, लोकसभाध्यक्ष और बड़े बुजुर्गों का अर्थात संसदीय पदों का सम्मान करना सीखते। आज कई लोग ऐसे हैं जो राहुल गांधी के इस असंसदीय और मर्यादाहीन आचरण पर तालियां बजा रहे हैं। उन्हें नहीं पता कि मर्यादाओं के टूटने से जब अराजकता सिर पर चढ़कर बोलती है तो सारे राष्ट्र को उसके परिणाम भुगतने पड़ते हैं।

राहुल गांधी को यह समझ लेना चाहिए कि इस देश की जनता भली प्रकार यह जानती है कि देश की वर्तमान दुर्दशा में राहुल गांधी की पार्टी और खासतौर से उनके परिवार का विशेष योगदान रहा है। जिसे वह शोर-शराबे में गुम करने का प्रयास कर रहे हैं। देश का शासन चलाने के लिए आत्मज्ञ और ब्रह्मज्ञ शासकों की आवश्यकता होती है।1947 में मिली आजादी के बाद हमें ऐसे ही शासकों का निर्माण करना था, परंतु यह राहुल गांधी का ही परिवार था जिसने इस देश के शासकों में आत्मज्ञता और ब्रह्मज्ञता का गुण विकसित नहीं होने दिया। नेहरू एंड कंपनी हमें हाँककर उस ओर ले गई जिस ओर हमें जाना ही नहीं चाहिए था। आज हम दिशाहीन, मतिहीन और गतिहीन होकर दूर जंगल में खड़े हैं। उसी जंगल में जब कुछ 'गधे' अपना राग अलापते हैं तो उनके अलोकतांत्रिक सुरों को देखकर बहुत दर्द होता है।

शतपथ ब्राह्मण काण्ड 10, अध्याय 6, ब्राह्मण 1, कण्डिका 1-11 में अश्वपति तथा अरुण-आपवेशि आदि 6 विद्वानों में वैश्वानर के स्वरूप विषयक जो संवाद हुआ, उसी संवाद का वर्णन, कतिपय परिवर्तनों सहित, छान्दोग्य उपनिषद, अध्याय 5, खण्ड 11 से 18 तक में भी हुआ है। प्राचीनशाल औपमन्यव, सत्ययज्ञ पौलुषि, इन्द्र-द्युम्न भाल्लवेय, जन शाकराक्ष्य, बुडिल आश्वतराश्वि तथा उद्दालक आरुणि, ये 6 विद्वान, ''आत्मा और ब्रह्म का क्या स्वरुप है'' इसे जानने के लिये केकय के राजा अश्वपति के पास आए। प्रातःकाल जाग कर अश्वपति ने उनके प्रति कहा कि :-

न मे स्तेनो जनपदे न कदर्यो न मद्यपो।
नानाहिताग्निर्नाविद्वान् न स्वैरी स्वैरिणी कुतः।। (खण्ड 11 कण्डिका 5)

तथा साथ यह भी कहा कि हे भाग्यशालियों ! मैं यज्ञ करूंगा, जितना-जितना धन मैं प्रत्येक ऋत्विज् को दूंगा उतना-उतना आप सबको भी दूंगा, तब तक आप प्रतीक्षा कीजिये और यहां निवास कीजिये।

उपर्युक्त श्लोक का अर्थ निम्नलिखित हैः-

"न मेरे जनपद अर्थात् राज्य में कोई चोर है, न कंजूस स्वामी और वैश्य है, न कोई शराब पीने वाला है न कोई यज्ञकर्मों से रहित है, न कोई अविद्वान् है। न कोई मर्यादा का उल्लंघन करके स्वेच्छाचारी है, तो स्वेच्छाचारिणी हो ही कैसे सकती है।"

इस श्लोक में कही गई बातों का अभिप्राय यह है कि आत्मज्ञ और ब्रह्मज्ञ शासक ही, प्रजाजनों को उत्तम शिक्षा देकर, उन्हें सामाजिक तथा धार्मिक भावनाओं से सम्पन्न कर सदाचारी बना सकते हैं।" हमारा अनुमान है कि आज पूरे विश्व में एक भी आत्मज्ञ एवं ब्रह्मज्ञ शासक नहीं है। यह उन्नति नहीं अपितु अवनति का प्रतीक है।

निश्चय ही इन प्रसंगों से राहुल गांधी जैसे नेताओं को बहुत कुछ सीखने को मिल

सकता है। आज समय आ गया है जब लोकसभा में बोलने वाले लोगों को भी प्रशिक्षण देना अनिवार्य कर दिया जाए।

कांग्रेस के बारे में हमें यह ध्यान रखना चाहिए कि यह पार्टी प्रारंभ से ही हिंदू धर्म और उसकी आस्था के केंद्र मंदिरों आदि के प्रति कभी भी सहिष्णु नहीं रही है। यहां तक कि वेद, उपनिषद आदि को भी यह काल्पनिक मानती रही है। हिंदुओं के मतों से ही शासन में आती रही कांग्रेस ने लज्जा का पूरी तरह त्याग कर दिया और वह हिंदू अस्तित्व को मिटाने के कार्य में लग गई। कांग्रेस पार्टी और उसके नेताओं की हिंदू धर्म, हिंदू देवी-देवताओं में कोई आस्था नहीं है।

इस पार्टी की संगति भी इतनी खराब है कि महाराष्ट्र में शिवसेना के उद्धव ठाकरे की सरकार इसके संसर्ग और संपर्क में आते ही हिंदू विरोधी हो गई है।

16 अप्रैल को पालघर में दो साधुओं और उनके ड्राइवर की मॉब लिंचिंग की गई, जब यह सारा खेल हो रहा था तब पुलिस भी मौन होकर सारे घटनाक्रम को देखती रही। इस प्रकार की घटनाओं से हिंदुओं के भीतर भय और आतंक पैदा होता है। उन्हें यह नहीं लगता कि वे स्वतंत्र भारत में रह रहे हैं, बल्कि कुछ ऐसा ही आभास होता है जैसे वह अभी भी मुगलों के शासन में ही रह रहा है। पालघर में जूना अखाड़ा के दो साधुओं कल्पवृक्ष गिरि महाराज और सुशील गिरी महाराज की पीट-पीटकर निर्मम हत्या कर दी गई।

कांग्रेस के हिंदू विरोधी होने का परिचय स्वयं राहुल गांधी ने कई बार दिया है। जम्मू कश्मीर में छपने वाले उर्दू दैनिक अखबार "इंकलाब" ने 12 जुलाई, 2018 को बहुत बड़ा खुलासा किया। फ्रंट पेज पर खबर छापी कि 11 जुलाई को राहुल गांधी ने मुस्लिम बुद्धिजीवियों के साथ 'सीक्रेट मीटिंग' में कहा कि कांग्रेस मुसलमानों की पार्टी है। इसके साथ यह खबर भी छपी है कि राहुल ने कहा कि उनका और उनकी मां का कमिटमेंट है कि मुसलमानों को उनका हक मिलना चाहिए और इससे वो कोई समझौता नहीं कर सकते।

राहुल गांधी के हिंदू विरोधी होने के संबंध में एक लेख में छपी सूचना के अनुसार 12 तुगलक लेन स्थित अपने निवास पर राहुल गांधी ने लगभग 2 घंटे तक मुस्लिमों से बातचीत की। इस दौरान मुस्लिम नेताओं ने राहुल से आपत्ति दर्ज कराई और कहा कि आप तो सिर्फ मंदिर जा रहे हैं। कांग्रेस पार्टी ने तो मुसलमानों को भुला ही दिया है। मुस्लिम नेताओं की बात सुनकर राहुल गांधी ने कहा कि *मैं कर्नाटक में कई मस्जिदों में भी गया हूं। अब मस्जिदों में लगातार जा रहा हूं*। खबर ये भी है कि उन्होंने कहा कि *गुजरात में मंदिरों में गया था उसके लिए माफी मांगता हूं*।

सूत्रों के अनुसार राहुल गांधी ने ऑल इंडिया मुस्लिम पर्सनल लॉ बोर्ड की मांगें भी मान ली। कहा जा रहा है कि राहुल गांधी ने ये वादा किया कि अगर वे 2019 में देश के

प्रधानमंत्री बने तो देश के हर जिले में शरिया अदालत बनाने की मांग पूरी कर देंगे।

पिछले साल 11 जुलाई को कांग्रेस नेता शशि थरूर ने हिंदुओं को कट्टरपंथी बताते हुए 'हिंदू पाकिस्तान' की बात कही। इसके बाद 13 जुलाई को दिग्विजय सिंह ने हिंदुओं को कट्टरपंथी कहा और भारत के पाकिस्तान बन जाने की बात कही। खबर है कि यह सब राहुल गांधी के आदेश से किया जा रहा है। गौरतलब है कि 11 जुलाई को ही राहुल गांधी ने मुस्लिम बुद्धिजीवियों से मुलाकात की थी और मुलाकात से पहले और बाद वह यही संदेश देना चाहते हैं कि मुस्लिमों की असल हितैषी कांग्रेस है।

हिंदू विरोध की भावना कांग्रेस के डीएनए में है। 17 दिसंबर, 2010... विकीलीक्स ने राहुल गांधी की अमेरिकी राजदूत टिमोथी रोमर से 20 जुलाई, 2009 को हुई बातचीत का एक ब्योरा दिया। राहुल ने अमेरिकी राजदूत से कहा था, 'भारत विरोधी मुस्लिम आतंकवादियों और वामपंथी आतंकवादियों से बड़ा खतरा देश के हिन्दू हैं।' अमेरिकी राजदूत के सामने दिया गया उनका ये बयान कांग्रेस की बुनियादी सोच को ही दर्शाता है। ये कहा जा सकता है कि कांग्रेस हमेशा ही देश की 20 करोड़ की आबादी को खुश करने के लिए 100 करोड़ हिंदुओं की भावनाओं से खिलवाड़ करती रही है।

कांग्रेस पार्टी और उसके नेताओं की हिंदू धर्म, हिंदू देवी-देवताओं में कोई आस्था नहीं है। हिंदू धर्म में आस्था और जनेऊधारी हिंदू बनने का ढोंग करने वाले राहुल गांधी के खासमखास वरिष्ठ कांग्रेस नेता मणिशंकर अय्यर ने हाल ही में मर्यादा पुरुषोत्तम भगवान राम के अस्तित्व पर सवाल उठाया था। दिल्ली में राष्ट्र विरोधी संगठन सोशल डेमोक्रेटिक पार्टी ऑफ इंडिया द्वारा आयोजित 'एक शाम बाबरी मस्जिद के नाम' कार्यक्रम को संबोधित करते हुए कांग्रेस नेता मणिशंकर अय्यर ने भगवान राम, अयोध्या स्थित राम जन्मभूमि स्थल सभी को कठघरे में खड़ा कर दिया। मस्जिद और मुसलमानों के प्रेम में डूबे अय्यर ने कहा कि राजा दशरथ एक बहुत बड़े राजा थे, उनके महल में 10 हजार कमरे थे, लेकिन भगवान राम किस कमरे में पैदा हुए ये बताना बड़ा ही मुश्किल है। इसलिए ये दावा करना कि राम वहीं पैदा हुए थे, यह ठीक नहीं है।

इंग्लिश अखबार 'द हिंदू' के मौजूदा संपादक एन. राम के पिता कस्तूरी ने तब 'द हिंदू' का संपादक रहते हुए लेख छापा था। मौजूदा तेलंगाना के सिकंदराबाद के के. सुब्रह्मण्यम के इस लेख में आजाद भारत में हिंदू और उनकी आस्था से हो रहे खिलवाड़ और सरकार की अल्पसंख्यक परस्त नीतियों का खुलासा किया गया था।

के. सुब्रह्मण्यम हिंदू आस्थाओं का मजाक उड़ते देखकर ही परेशान नहीं हुए। उन्होंने ये भी देखा की नेहरू सरकार बेशर्मी से दूसरे धर्मों को हिंदू धर्म से श्रेष्ठ बताने की कोशिश कर रही है। के. सुब्रह्मण्यम ने अंबेडकर की तुलना में अल्लादि कृष्णास्वामी अय्यर,

बीएन राव जैसे दूसरे हिंदू संविधान निर्माताओं को कम महत्त्व देने के लिए नेहरू को जिम्मेदार माना था। के. सुब्रह्मण्यम इस बात से भी दुखी थे कि वेद और हिंदू धर्मग्रन्थों का अनुवाद करने वाले अग्रेज़ मैक्सम्यूलर का भी सरकार गुणगान करती है। जबकि वो इनके ज़रिए हिंदुओं को पिछड़ा और ईसाई धर्म की सर्वोच्चता स्थापित करना चाहते हैं। उन्होंने ये भी कहा कि धर्मनिरपेक्षता के नाम पर सरकार हिंदुओं का अहित और अल्पसंख्यकों को बढ़ावा दे रही है। अंग्रेज़ तो चले गए लेकिन हमारी सरकार अब भी उनकी नीतियों पर ही चल रही है।

7 फरवरी, 1916 को मोतीलाल नेहरू ने अपने बेटे जवाहर लाल नेहरू और कमला नेहरू की शादी के तीन कार्ड छपवाए गए थे। तीनों कार्ड अंग्रेजी के अलावा सिर्फ अरबी लिपि और फारसी भाषा में छपे थे। तीनों ही कार्ड में किसी भी हिन्दू देवी-देवता का नाम नहीं लिखा गया था। न ही उन कार्ड पर हिन्दू धर्म से जुड़ा कोई श्लोक लिखा था। हिन्दू संस्कृति या फिर संस्कृत भाषा का कार्ड में कोई नामोनिशान तक नहीं था।

आजादी के बाद जब बल्लभ भाई पटेल ने सोमनाथ मंदिर के दोबारा निर्माण की कोशिश शुरू की तो महात्मा गांधी ने इसका स्वागत किया, लेकिन जवाहर लाल नेहरू इसका लगातार विरोध करते रहे। जब तत्कालीन राष्ट्रपति राजेंद्र प्रसाद सोमनाथ मंदिर गए तो नेहरू ने न केवल उन्हें जाने से मना किया बल्कि विरोध भी दर्ज कराया।

बनारस हिन्दू विश्वविद्यालय में हिन्दू शब्द रखने पर जवाहर लाल नेहरू को घोर आपत्ति थी, उन्होंने इस शब्द को हटाने के लिए कहा था। पंडित मदन मोहन मालवीय पर भी नेहरू ने यूनिवर्सिटी से हिंदू शब्द हटाने के लिये दबाव डाला था। हालांकि उन्होंने अलीगढ़ मुस्लिम यूनिवर्सिटी में मुस्लिम शब्द रखने पर कभी आपत्ति नहीं जताई।

वंदे मातरम को राष्ट्रगीत बनाने पर जवाहर लाल नेहरू ने आपत्ति जताई थी। उन्हीं की आपत्ति के बाद मुस्लिमों का मनोबल बढ़ा, जिससे आज तक मुस्लिम वंदे मातरम गाने का विरोध करते हैं।

7 नवंबर, 1966 को दिल्ली में हजारों नागा साधु इकट्ठा होकर ये मांग कर रहे थे कि – गाय की हत्या बंद होनी चाहिए, इंदिरा गांधी किसी भी कीमत पर गौ हत्या बंद करने के मूड में नहीं थी। फिर क्या था, दिल्ली में ही इंदिरा गांधी ने जालियावाला कांड दोहराया और जनरल डायर की तरह हजारों नागा साधुओं के ऊपर गोलियां चलवा दीं। इस गोलीबारी में 6 साधु की मौत हो गई, यही नहीं उस समय गौभक्त माने जाने वाले गुलजारी लाल नंदा को इंदिरा ने गृहमंत्री पद से हटा दिया। इस घटना के बाद इंदिरा गांधी कई राज्यों में चुनाव हार गई थीं।

साधु- संतो पर गोली चलाने से चुनाव हार चुकी इंदिरा गांधी ने राजीव गांधी की शादी

में हिन्दी में कार्ड तो छपवाया... लेकिन कार्ड में कहीं भी हिन्दू देवी देवता के नाम से परहेज किया गया। इसमें भगवान गणेश का भी नाम नहीं था।

नेहरू-गांधी परिवार ने कभी कोई हिन्दू त्योहार पारंपरिक रूप से नहीं मनाया। रमजान में गांधी परिवार हर साल इफ्तार पार्टी का आयोजन करता है, वैसा आयोजन आज तक कभी नवरात्रि में उनके घर पर नहीं हुआ। कभी कन्याओं को भोजन नहीं कराया गया। कभी किसी ने इनको दिपावली में दीये जलाते नहीं देखा।

राहुल गांधी की उम्र 48 साल है, जबकि प्रियंका वाड्रा की 46 साल। कभी राहुल को प्रियंका वाड्रा से किसी ने राखी बंधवाते नहीं देखा। हिन्दुओं में भाई-बहन का रिश्ता बहुत ही पवित्र माना जाता है। कोई भी हिन्दू परिवार रक्षा बंधन से परहेज नहीं करता।

राहुल गांधी सिर्फ मोदी को हराने के लिए हिन्दू बने हैं... वर्ना पूरे नेहरू परिवार का कभी भी हिन्दू धर्म से नाता नहीं रहा है। यहां तक कि हिन्दू पर्व-त्योहारों में बधाई देना भी अपमान माना जाता है। उदाहरण के लिए इस साल पहली बार कांग्रेस दफ्तर में होली मनाई गई, इससे पहले अघोषित बैन था। राहुल गांधी ने पहली बार लोगों को 2017 में दिवाली की शुभकामनाएं दी।

नेहरू-गांधी परिवार कभी भी राम मंदिर निर्माण का समर्थन नहीं करता। बल्कि राम मंदिर के निर्माण को लेकर सुप्रीम कोर्ट में होने वाली सुनवाई में भी कांग्रेसियों ने रोड़े अटकाने का काम किया है। कांग्रेसी नेता कपिल सिब्बल ने सुप्रीम कोर्ट में कहा था कि राम मंदिर की सुनवाई जुलाई 2019 तक टाल दी जाए, ताकि लोकसभा चुनाव हो सके। कांग्रेस चाहती है कि 2019 तक वो हिन्दुओं को बरगला कर सत्ता में आ जाए और राम मंदिर का निर्माण हमेशा-हमेशा के लिए बंद हो जाए।

2007 में कांग्रेस सरकार ने सुप्रीम कोर्ट में हलफनामा देकर कहा था कि राम, सीता, हनुमान और वाल्मिकी काल्पनिक किरदार हैं, इसलिए रामसेतु का कोई धार्मिक महत्त्व नहीं माना जा सकता है।

कांग्रेस ने ही पहली बार मुस्लिमों को हज में सब्सिडी देने और अमरनाथ यात्रा पर टैक्स लगाने का पाप किया। दुनिया के किसी भी देश में हज में सब्सिडी नहीं दी जाती है, सिर्फ कांग्रेस सरकारों ने भारत में मुसलमानों के वोट के लिए ये खैरात बांटना शुरू किया। लेकिन मोदी सरकार ने इसे खत्म कर दिया।

कांग्रेस ने ही सबसे पहले दुनिया भर में हिन्दुओं को बदनाम करने के लिए हिन्दू आतंकवाद नाम का शब्द गढ़ा। एक ऐसा शब्द ताकि मुस्लिम आतंकवाद की तरफ से दुनिया का ध्यान भटकाकर हिन्दुओं को आतंकवादी सिद्ध किया जा सके।

कांग्रेस अध्यक्ष राहुल गांधी ने एक बयान के जरिए देश की बहुसंख्यक आबादी को

चौंका दिया, जब उन्होंने कहा कि मंदिर जाने वाले लोग लड़कियों को छेड़ते हैं। हिन्दू धर्म में मंदिर जाने वाले लोग लफंगे होते हैं।

तीन तलाक पर सुनवाई के दौरान राहुल गांधी के करीबी कांग्रेस नेता कपिल सिब्बल ने इस्लामी कुरीति की तुलना राम से कर दी। स्पष्ट है कि ये कांग्रेस आलाकमान के इशारे के बिना कपिल सिब्बल ऐसा साहस नहीं कर सकते थे।

राहुल गांधी ने विदेश जाकर ये फैलाने की कोशिश की कि लश्कर से भी ज्यादा कट्टर आतंकी हिन्दू होते हैं। जबकि आज तक कभी ये सामने नहीं आया कि कोई हिन्दू आतंकी बना हो।

राहुल गांधी ने जर्मनी जाकर फिर से हिन्दू धर्म को बदनाम करने का प्रयास किया। राहुल ने जर्मनी में कहा कि भारत में महिलाओं के खिलाफ जो अत्याचार होते हैं, उसकी वजह भारतीय संस्कृति है।

(साभार)

अध्याय - 15

राजनीतिक सांप्रदायिकता के नहीं, राष्ट्र के समर्थक बनो

हमारे देश में ऐसे बहुत लोग हैं जो इस बात में विश्वास रखते हैं कि "मजहब नहीं सिखाता आपस में बैर रखना" – इस प्रकार के ये लोग 'तोता रटन्त' की भांति इस पंक्ति को रट चुके हैं। लेकिन जब धर्म और राजनीति को एक साथ चलाने की बात की जाती है तो यही लोग उछलकर सामने आते हैं और कहते हैं कि राजनीति और धर्म का अर्थात मजहब का कोई मेल नहीं है। अब इनसे कौन पूछे कि यदि मजहब आपस में बैर रखना नहीं सिखाता या प्रेम प्रीत सिखाता है तो क्या राजनीति आपस में बैर रखना सिखाती है? जो दोनों एक साथ नहीं बैठ सकते। और यदि दोनों आपस में बैर ना रखने की सीख देते हैं या ऐसा परिवेश सृजित करने में विश्वास रखते हैं जिसमें मानवतावाद विकसित हो तो दोनों को एक साथ काम करने क्यों नहीं दिया जाता?

इस संदर्भ में हमें यह ध्यान रखना चाहिए कि जब लोग यह कहते हैं कि 'मजहब नहीं सिखाता आपस में बैर रखना'- तो वे हिंदू को अपने झांसे में फंसाने के लिए ऐसा कहते हैं और जब धर्म को राजनीति से दूर करने की बात करते हैं तो उस समय वे हिंदू को मारने की चेष्टा कर रहे होते हैं। कहने का अभिप्राय है कि हिंदू मजहब वालों के प्रति उदार रहे और अपने धर्म के प्रति निरपेक्ष हो जाए, उससे दूर हो जाए- उसके बारे में ना कुछ सोचे ना समझे और जैसे मजहब वाले कहते हैं, वैसे ही करता रहे। ऐसी सोच हिंदू विनाश की सोच है।

वास्तव में राजनीतिक पूर्वाग्रह और मुस्लिम तुष्टिकरण की नीतियों के कारण देश में काँग्रेस व सपा सहित कई तथाकथित धर्मनिरपेक्ष दल ऐसे हैं जो केवल अपनी पूर्वाग्रहग्रस्त मान्यताओं पर अड़े रहते हैं। ये दल इस्लाम की उन मान्यताओं पर प्रहार करने को भी किसी व्यक्ति का पूर्वाग्रह घोषित कर देते हैं जिनसे मानवतावाद को संकट उत्पन्न हो सकता है या जिनके कारण अतीत में देश को अतीव पीड़ा का सामना करना पड़ा है या जिनके कारण आज भी सामाजिक परिवेश शांतिपूर्ण नहीं बन पाता है।

अब पाकिस्तान के ख़ैबर पख़्तूनख़्वाह प्रांत के करक ज़िले में हिंदू संत श्री परम हंस जी महाराज की ऐतिहासिक समाधि को स्थानीय लोगों की एक क्रुद्ध भीड़ ने ढहा दिया है। इस घटना को तथाकथित धर्मनिरपेक्ष दलों के समर्थक इस दृष्टिकोण से देखने का प्रयास करेंगे कि यह तो कुछ पागल लोगों का तात्कालिक विरोध मात्र था, इसका किसी मजहब की किसी प्रकार की मान्यताओं से कोई लेना-देना नहीं है। ऐसी सोच के साथ यह इस घटना को भुला देने का प्रयास करते दिखाई देंगे और इस बात पर कभी सहमत नहीं होंगे कि "मजहब ही तो सिखाता है आपस में बैर रखना।" इसके विपरीत यही कहते रहेंगे कि "मजहब नहीं सिखाता आपस में बैर रखना।" यदि आपस में बैर रखना मजहब नहीं सिखाता तो यह 'लव जिहाद' या इस्लाम के नाम पर दर्जनों आतंकी संगठन और गैर मुस्लिमों की महिलाओं, बेटियों और बहनों के साथ हो रहे अमानवीय अपराध सब क्यों चल रहे हैं? क्यों आतंकवादी ऐसा कहते पाए जाते हैं कि यदि एक हिंदू औरत को गर्भवती किया जाए तो उससे जन्नत का सुख मिलता है? वास्तव में ऐसी सोच हिंदू के अस्तित्व को मिटाने और उसे जलील करने के लिए पैदा की जाती है।

वास्तव में यह सब कुछ आज से नहीं बल्कि इस्लाम के जन्म काल से होता आ रहा है और हिंदू है कि सब कुछ जानकर भी खतरा की ओर से उसी प्रकार आंखें बंद किए हुए हैं जैसे कबूतर आती हुई बिल्ली को देखकर आंखें बंद करके बैठ जाता है। 712 ई. में जब मोहम्मद बिन कासिम यहां आया था तो उस समय से हिंदुस्तान अर्थात भारतीय उपमहाद्वीप आग लगाने की ऐसी घटनाओं को देखता आ रहा है जैसी अभी पाकिस्तान के उपरोक्त जिले में हुई है। 712 ई. से लेकर अब 2021 आ चुका है और हम देख रहे हैं कि यह घटनाएं जैसी 712 ई. या उससे पहले हो रही थीं वैसे ही आज भी यथावत चल रही हैं। पाकिस्तान के करोड़ों हिंदू समाप्त कर दिए गए, बांग्लादेश में भी निरंतर समाप्त किए जा रहे हैं। कश्मीर से हिंदुओं को भगा दिया गया, असम में हिंदुओं को उजाड़ कर इस्लाम का प्रचार-प्रसार किया जा रहा है।

बांग्लादेश को विस्तार देकर बंगाल, उड़ीसा, बिहार को लेकर वृहत बंगाल बनाने की योजना पर काम किया जा रहा है, पूरे उत्तर प्रदेश, बिहार, हरियाणा, राजस्थान के कुछ भाग और दिल्ली सहित भारत के इस बड़े भाग को लेकर मुगलिस्तान बनाए जाने की तैयारी हो रही है। हरियाणा के मेवात से 100 से अधिक गांवों को हिंदूविहीन कर दिया गया है, केरल में एक सुनियोजित षड्यंत्र के अंतर्गत इस्लाम का प्रचार-प्रसार किया जा रहा है।

और भी ऐसे अनेकों उदाहरण हैं जहां से हिंदुओं को भगाने की योजना पर बड़े सुनियोजित ढंग से कार्य किया जा रहा है, लेकिन सपा व कांग्रेस जैसे धर्मनिरपेक्ष दल इस ओर देखना पसंद नहीं करते हैं। ये गाए जा रहे हैं कि 'मजहब नहीं सिखाता आपस

में बैर रखना।' अब चाहे ये सारे हिंदू विरोधी अपराध, ये सारी राष्ट्र विरोधी गतिविधियां और देशद्रोही कार्य मजहब के नाम पर ही क्यों न हो रहे हों , पर इन मूर्खों को यह दिखाई नहीं देता। अंग्रेजी ने भारत के संस्कृत साहित्य को धीरे-धीरे नकारा बना दिया। इस प्रकार राजनीतिक सांप्रदायिकता रखने वाले ये राजनीतिक दल देश के लिए हिंदू विनाश का सबसे बड़ा कारण बन चुके हैं।

अरबी, फारसी और उर्दू ने अपनी मान्यताओं को लादकर हिंदी का सत्यानाश कर दिया। इसके उपरांत भी यदि असम सरकार मदरसों के विरुद्ध कोई कार्यवाही करती है तो वह धर्मनिरपेक्ष दलों को बहुत ही गलत और असंवैधानिक दिखाई देती है। संस्कृत पर और संस्कृति पर हमला होना इन्हें अच्छा लगता है। संस्कृत को ये लोग एक सांप्रदायिक भाषा मानते हैं जबकि उर्दू को तहजीब की, तमीज की और देश को जोड़ने वाली भाषा मानते हैं। संस्कृत को एक मृत भाषा घोषित कर दिया गया है। जबकि हिंदी को तोड़ने वाली भाषा बताकर उसके नाम पर सांप्रदायिक दंगे करवाए जाते हैं और यह सपाई व कांग्रेसी वामपंथियों के सुर में सुर मिलाकर राग अलापते रहते हैं कि जो कुछ हो रहा है वह ठीक हो रहा है। इनकी बुद्धि पर पर्दा पड़ गया है।

अंग्रेजी और उर्दू एक भाषा के रूप में हमें स्वीकार्य हो सकती हैं, पर जब उनके माध्यम से हमारी संस्कृति को उजाड़कर पर संस्कृति को हम पर लादने का प्रयास किया जाता है, तो तब उनकी मान्यताओं को हम संप्रदायिक मानकर उनका विरोध करते हैं और ऐसा किसी भी देश को करने का पूरा अधिकार है। आप सभी भाषाओं का सम्मान करें परंतु देश की संस्कृति को मारने की प्रत्येक चेष्टा का या प्रत्येक षडयंत्र का विरोध होना ही चाहिए।

संस्कृत अपने आप में पूर्णतया पंथनिरपेक्ष भाषा है। क्योंकि यह सृष्टि के प्रारंभ में उस समय ईश्वरीय व्यवस्था के अंतर्गत हमको प्राप्त हुई जिस समय संप्रदाय नाम की कोई चीज धरती पर नहीं होती थी। शेष सारी भाषाएं किसी संप्रदाय के साथ जुड़ी हुई हैं और वही बोलती हैं जो उसके संबंधित संप्रदाय की इच्छा होती है।

इन सांप्रदायिक इच्छाओं ने संसार के इतिहास को पिछले 2000 वर्ष से खून के आंसू रुलाने में किसी प्रकार की कमी नहीं छोड़ी है। 300 वर्ष तक संप्रदायों के नाम पर धर्म युद्ध संसार में होते रहे, जिनमें लाखों-करोड़ों लोगों को अपने प्राण गंवाने पड़े। मध्यकाल में जितने भी शासक हुए वे सब सांप्रदायिक आधार पर एक दूसरे के देशों पर अधिकार करने की चेष्टा करते रहे और एक दूसरे की जनता का नरसंहार करते रहे। आज भी संसार सांप्रदायिक आधार पर इस्लाम और ईसाइयत नाम के दो धड़ों में बंटा हुआ है। इसके उपरांत भी कुछ मूर्ख हैं जो आंखें खोलने का प्रयास नहीं कर रहे हैं। उन्हें मजहब आग लगाता हुआ नहीं दिखता बल्कि मनुष्य के भीतर कोई शैतानी प्रवृत्ति आग लगाती हुई

दिखती है। जबकि सच यह है कि यह शैतानी प्रवृत्ति मजहब के नाम पर, मजहब के द्वारा मजहब के लिए ही जन्म लेती है। इस सच को आज समझने की आवश्यकता है।

पाकिस्तान में जहां उपरोक्त घटना हुई है। वहां करक जिला के जिला पुलिस अधिकारी इरफानुल्लाह ने बीबीसी के स्थानीय प्रतिनिधि सिराजुद्दीन को बताया की पुलिस को लोगों के विरोध प्रदर्शन जानकारी दी गई थी और वहां पर सुरक्षा प्रबंध भी बहुत मजबूत किए गए थे। हमें विरोध प्रदर्शन की जानकारी थी लेकिन हमें बताया गया था कि यह विरोध शांतिपूर्ण रहेगा। यद्यपि एक मौलवी ने हालात को भड़काऊ भाषण देकर बिगाड़ दिया। भीड़ इतनी बड़ी थी कि हालात नियंत्रण से बाहर हो गए। यद्यपि इस घटना में किसी प्रकार की कोई हानि नहीं हुई है। वास्तव में मजहब के नाम पर काम करने वाले लोगों ने इस हिंदू संत की समाधि पर यह हमला पहली बार नहीं किया है 1997 में भी इस समाधि पर स्थानीय लोगों ने इसी प्रकार हमला किया था। यद्यपि बाद में पाकिस्तान के सर्वोच्च न्यायालय के आदेश के बाद खैबर पख्तूनख्वाह की प्रांतीय सरकार ने इसका पुनः निर्माण करा दिया था।

वास्तव में केवल देश के लिए सोचना और देश के लिए बोलना ही मानवतावाद के लिए बोलना होता है। मानवतावाद ही भारतीय राष्ट्रवाद की रीढ़ है। इसे किसी भी प्रकार के सांप्रदायिक पूर्वाग्रह में बाँटकर नहीं देखा जाना चाहिए। यदि पाकिस्तान की उपरोक्त घटना हमको आंदोलित, व्यथित और मथित कर सकती है तो भारत वर्ष के भीतर भी यदि किसी मुस्लिम समाज पर इस प्रकार के अत्याचार होते हैं तो निंदा उनकी भी होनी चाहिए। ऐसी घटनाओं को किसी पार्टी के दृष्टिकोण से नहीं देखना चाहिए। किसी भी राजनीतिक दल का समर्थक व्यक्ति पूर्वाग्रह से ग्रस्त हो सकता है, लेकिन राष्ट्र का समर्थक, मानवतावाद का ध्वजवाहक और नैतिक व्यवस्था में विश्वास रखने वाला कोई भी पुरोधा किसी भी ऐसी बात को स्वीकार नहीं करेगा जो किसी भी दृष्टिकोण से अनुचित हो।

सपा का समर्थक घटनाओं का सपा के दृष्टिकोण से अवलोकन करेगा, भाजपा का समर्थक घटनाओं को भाजपा के दृष्टिकोण से देखेगा और कांग्रेस का समर्थक कांग्रेस के दृष्टिकोण से घटनाओं को देखेगा। लेकिन जब यह सब अपने नाम के सामने से समर्थक शब्द को हटा देंगे तो उनकी दृष्टि में केवल राष्ट्र रह जाएगा और जब राष्ट्र के दृष्टिकोण से घटनाओं को देखा जाएगा तो समझ में आएगा कि मजहब का जो भूत हमें पिछले हजार-बारह सौ वर्ष से दुखी करता आ रहा है उसको वश में करने के लिए कठोर नीतियों का पालन किया जाना समय की आवश्यकता है। जिस भाषा ने हम को तोड़ा है, उसे भारतीय शब्द विचार भारतीय मनीषा में सोचने की शक्ति देनी पड़ेगी, उसकी लिपि चाहे कोई भी हो परंतु वह भारतीयता के गीत गाए, माँ भारती के गीत गाए और उन योद्धाओं

के गीत गाए जिनके कारण यह देश आजाद हुआ और दीर्घकाल तक अपना स्वाधीनता संग्राम लड़कर देश, धर्म, संस्कृति और इतिहास की रक्षा करने में सफल हुआ।

सारी भाषाओं को आप एक तराजू में नहीं तौल सकते, मजहब और धर्म को एक दूसरे का पूरक या दोनों को 'एक' नहीं मान सकते। धर्म नैसर्गिक है तो मजहब किसी व्यक्ति विशेष के द्वारा बनाया गया है। अपने इसी मौलिक अंतर के कारण जहां धर्म हमारे आंतरिक जगत की पवित्रता का प्रतीक है, वहीं मजहब बाहरी और दोनों प्रकार के जगतों में आग लगाने वाला है। यह दुनिया जिस दिन इन दोनों के इस मौलिक अंतर को समझ जाएगी उस दिन यह भी समझ जाएगी कि मजहब ही है जो आपस में बैर रखना सिखाता है। मजहब ही है जो मदरसों के माध्यम से समाज में आग लगाता है और धर्म ही है जो सारे संसार को व्यवस्थित करके चलाने की शिक्षा देता है लेकिन इन दोनों के इस गंभीर और मौलिक अंतर को समझने के लिए बहुत कुछ समझने की आवश्यकता है, क्योंकि ऐसे अज्ञानी जनों की बहुत बड़ी भीड़ इस देश में घूम रही है जो मजहब और धर्म गुरुकुल और मदरसे में अंतर करना नहीं जानते। सचमुच ऐसे अज्ञानी जनों से हठी और दुराग्रही लोगों से हिंदुत्व को इस समय बहुत गंभीर खतरा है। हमारे युवाओं में यह बीमारी बहुत गहराई से बैठ चुकी है, क्योंकि वामपंथी 5 मुस्लिम शिक्षा मंत्रियों ने देश की शिक्षा व्यवस्था को कुछ इसी प्रकार का बना कर रख दिया है। पिछले 70–75 वर्ष की उनकी इस मेहनत का ही परिणाम है कि लोग घटनाओं को और परिस्थितियों को सही दृष्टिकोण से समझने का प्रयास नहीं करते हैं। हमें यह भी ध्यान रखना चाहिए कि देश में जितने भी राजनीतिक दल हैं ये स्वयं भी अपने आपमें एक राजनीतिक संप्रदाय हैं। जैसे संसार में अनेकों मत, पंथ और संप्रदाय ईश्वर प्राप्ति और मानवतावाद के प्रचार-प्रसार के नाम पर जन्मे हैं, वैसे ही देश में राजनीतिक दल भी राष्ट्रीय एकता और शांति व्यवस्था स्थापित करने के नाम पर जन्मे हैं, परंतु जैसे मत, पंथ, संप्रदाय अर्थात मजहब ईश्वर प्राप्ति नहीं करवा पाए और ना ही मानवतावाद का विकास कर पाए वैसे ही देश में राजनीतिक दल भी राष्ट्रीय एकता को स्थापित करने के अपने वास्तविक उद्देश्य में असफल सिद्ध हुए हैं। इन्होंने अपने-अपने समर्थक पैदा करके देश में विखंडन को जन्म दिया है। यही कारण है कि छोटे से छोटा कार्यकर्ता और बड़े से बड़ा नेता अपनी पार्टी की विचारधारा को पकड़े बैठा रहता है। जहां आपको किसी के भीतर इस प्रकार के राजनीतिक अंकुर दिखायी दें तो उसके बारे में समझ लो कि यह भी एक वैसा ही 'गिद्ध' है जैसा आपको टी.वी. चैनलों पर पार्टी प्रवक्ता के नाम पर लड़ता हुआ दिखाई देता है। जैसे एक सांप्रदायिक व्यक्ति अपनी हठ पर अड़ा हुआ बैठा रहता है, वैसे ही किसी राजनीतिक दल का कोई भी व्यक्ति अपनी पार्टी की

विचारधारा से बंधा हुआ घर बैठा रहता है। वह देश के बारे में नहीं सोचता बल्कि दल के बारे में सोचता है।

सचमुच समय अब व्यवस्था को समझने और उसे सुव्यवस्थित कर देने का है। इसके लिए यदि कोई राज्य सरकार या केंद्र सरकार राष्ट्रवादी दृष्टिकोण अपनाते हुए कोई भी विधेयक या कानून लाए तो प्रत्येक राष्ट्रवादी व्यक्ति को उसका समर्थन करना चाहिए। किसी भी प्रकार की सांप्रदायिकता के नहीं बल्कि राष्ट्र के समर्थक बनो, हिंदुत्व के समर्थक बनो, हिंदू के अस्तित्व को बचाए रखने के लिए 'केसरिया' के प्रति आस्थावान बनो ..... तो कोई बात बने।

❍❍❍